KOMPAKTWISSEN
FÜR SCHÜLERINNEN UND SCHÜLER

Johann Wolfgang Goethe

Von
Kurt Rothmann

Philipp Reclam jun. Stuttgart

Mit 10 Abbildungen

RECLAMS UNIVERSAL-BIBLIOTHEK Nr. 15201

Gesamtherstellung: Reclam, Ditzingen. Printed in Germany 2008

ISBN 978-3-15-015201-0

www.reclam.de

Inhalt

I. Zeittafel

1749 Geburt **Johann Wolfgang Goethes** am 28. August als Sohn des Kaiserlichen Rates Dr. jur. Johann Caspar Goethe (1710–82) und seiner Frau, Katharina Elisabeth geb. Textor (1731–1808), im Elternhaus am Großen Hirschgraben in **Frankfurt am Main**.

1750 Geburt seiner Schwester Cornelia am 7. Dezember. Vier später geborene Geschwister sind im Kindesalter gestorben.

1753 Goethe bekommt zu Weihnachten von seiner Großmutter Goethe ein Puppentheater geschenkt.

1755 Großer Umbau des elterlichen Hauses. Danach Beginn des Privatunterrichts unter Aufsicht des Vaters (Latein, Griechisch). Religiöse Erschütterung durch das Erdbeben in Lissabon am 1. November des Jahres (vgl. *Dichtung und Wahrheit*, 1. Buch).

1756 Ausbruch des Siebenjährigen Krieges (vgl. *DuW*, 2. Buch). Goethes Vater vertrat die Partei König Friedrichs II., Großvater Textor die der Kaiserin Maria Theresia.

1758 Erster Französischunterricht. Zeichenunterricht. Pokkenerkrankung.

1759 Besetzung Frankfurts durch französische Truppen; Einquartierung des Grafen Thoranc im Elternhaus. Goethe beobachtet die Maler, die für Graf Thoranc arbeiten und besucht das französische Theater (vgl. *DuW*, 3. Buch).

1762 Beginn des Englisch- und Hebräischunterrichts. Erste handschriftliche Gedichtsammlung für den Vater.

1763 Ende des Siebenjährigen Krieges und der Besetzung. Konfirmation. Erster Klavierunterricht. Goethe hört ein Konzert des siebenjährigen Mozart in Frankfurt. Erste, historisch unbezeugte Jugendliebe zu »Gretchen«.

1764 Krönung Josephs II. (1741–90) zum Römischen König am 3. April (*DuW*, 5. Buch).
1765 Fecht- und Reitunterricht. Aufnahme des Studiums der Rechtswissenschaften in **Leipzig**. Dort Begegnungen mit Johann Christoph Gottsched (1700–66) und Christian Fürchtegott Gellert (1715–69). Bekanntschaft mit dem Maler, Kupferstecher und Bildhauer Adam Friedrich Oeser (1717–99). Freundschaft mit Ernst Wolfgang Behrisch (1738–1809) und Liebe zu Anna Katharina (»Käthchen«) Schönkopf (1746 bis 1810) (*DuW*, 6.–8. Buch).
1767 Das Leipziger Liederbuch *Annette*.
1768 Das Rokokospiel *Die Laune des Verliebten*.
1768 Schwere Erkrankung. Heimreise nach **Frankfurt**; Beeinflussung durch hermetisches und pietistisches Gedankengut in der Begegnung mit der Herrnhuterin Susanna Katharina von Klettenberg (1723–74), der »schönen Seele« (*DuW*, 8. Buch).
1769 Das Lustspiel *Die Mitschuldigen*.
Fortsetzung des Studiums in **Straßburg**. Liebe zu Friederike Brion (1752–1813) in **Sesenheim**, Freundschaft mit Johann Gottfried Herder (1744–1803), Verbindung zu den Stürmern und Drängern Johann Heinrich Jung-Stilling (1740–1817), Heinrich Leopold Wagner (1747–79), Jakob Michael Reinhold Lenz (1751–92). Begeisterung für Shakespeare, Volkslieder und deutsche Baukunst (*DuW*, 9.–12. Buch).
1771 *Sesenheimer Lieder. – Zum Shakespeares-Tag. – Geschichte Gottfriedens von Berlichingen mit der eisernen Hand, dramatisirt.*
Abschluß des Studiums mit der Promotion zum Lizentiaten der Rechte am 6. August (*DuW*, 11. Buch).
1771–74 Anwaltspraxis im Hirschgraben (28 Prozesse).
1772 Bekanntschaft mit dem Herausgeber der »Frankfurter Gelehrten Anzeigen«, Johann Heinrich Merck (1741 bis 1791), und dem Zirkel der Empfindsamen am

Darmstädter Hof der Großen Landgräfin Caroline (1721–74) (die Hofdamen Henriette von Roussillon, Luise von Ziegler, Herders Braut Caroline Flachsland, Minister Carl Freiherr von Moser, Hofrat Franz Michael Leuchsenring und Merck) (*DuW*, 12. Buch).
Juristische Fortbildung als Praktikant am Reichskammergericht in **Wetzlar**. Liebe zu Charlotte Buff (1753–1828) (*DuW*, 12. Buch).
Von deutscher Baukunst. – *Wandrers Sturmlied.* – *Mahomets-Gesang*. Mitarbeit an den »Frankfurter Gelehrten Anzeigen«.

1773 *Götter, Helden und Wieland. Eine Farce.* – *Erwin und Elmire. Ein Schauspiel mit Gesang.* – *Brief des Pastors zu *** an den neuen Pastor zu ****. – Arbeit an den dramatischen Fragmenten *Urfaust*, *Prometheus* und *Mahomet*.

1774 Juli/August: **Lahnreise** mit dem Theologen und Physiognomiker Johann Caspar Lavater (1741–1801) und dem Pädagogen Johannes Bernhard Basedow (1723 bis 1790). Friedrich Gottlieb Klopstock (1724–1803) besucht Goethe in Frankfurt. Goethe besucht die Brüder Johann Georg (1740–1814) und Friedrich Heinrich (1743–1819) Jacobi in **Düsseldorf**. Im Dezember erste Begegnung mit dem Erbprinzen Carl August von Sachsen-Weimar-Eisenach (1757–1828) in Frankfurt (*DuW*, 15. Buch).
Die Leiden des jungen Werthers. – *Clavigo*. – Das Singspiel *Claudine von Villa Bella*.

1775 Verlobung mit Anna Elisabeth (»Lili«) Schönemann (1758–1817) in **Frankfurt** (*DuW*, 16.–20. Buch).
Mai–Juli: **Erste Schweizreise** mit den Grafen Stolberg und Kurt von Haugwitz. September/Oktober: Herzog Carl August lädt Goethe nach **Weimar** ein. Herbst: Lösung der Verlobung mit Lili Schönemann.

Urfaust abgeschlossen. – *Stella.* – *Lili-Lieder.* – *Egmont* begonnen.
Am 7. November Ankunft in **Weimar**. Freundschaft mit Christoph Martin Wieland (1733–1813), erste Begegnung mit Frau Charlotte von Stein (1742–1827).

1776 Goethe entschließt sich, in Weimar zu bleiben. Er wird zum Geheimen Legationsrat ernannt und zieht in das Gartenhaus an den Ilmwiesen, das ihm der Herzog geschenkt hat. Auf einer Reise nach Leipzig lädt er die Leipziger Sängerin und Schauspielerin Corona Schröter (1751–1802) nach Weimar ein und beteiligt sich an den Aufführungen des Weimarer Liebhabertheaters. Lenz kommt nach Weimar. Herder wird Generalsuperintendent in Weimar.
Gedichte für Frau von Stein. – Das Schauspiel *Die Geschwister.* Arbeit an dem Monodrama *Proserpina.*

1777 Tod der Schwester Cornelia am 8. Juni. Im Dezember: **Harzreise**. Besteigung des Brockens. Erstes Treffen mit dem Theologen Victor Lebrecht Plessing (1749 bis 1806).
Das Singspiel *Lila* uraufgeführt. Anfänge von *Wilhelm Meisters theatralischer Sendung.* – *Harzreise im Winter.*

1778 Mai: Wegen des Bayerischen Erbfolgekrieges (1778/1779) Reise mit dem Herzog nach **Berlin** und **Potsdam**.
Das Gedicht *Grenzen der Menschheit* begonnen.

1779 Ernennung zum Geheimen Rat. Goethe übernimmt die Leitung der Kriegs- und Wegebaukommission.
Iphigenie auf Tauris (Prosafassung).
September 1779 – Januar 1780: **Zweite Schweizreise**, diesmal mit Herzog Carl August. Auf der Rückreise Besuch der Stuttgarter Karlsschule, deren Schüler Schiller damals war.

1780 Mineralogische Studien aufgenommen.
Torquato Tasso begonnen.

1781 Gründung der »Freien Zeichen-Schule«, Inszenierungen von Maskenzügen, Schau- und Singspielen; später von Schattenspielen, Vorlesungen und eines pantomimischen Balletts.
August: Gründung des »Tiefurter Journals«, einer bis 1784 geführten exklusiven handgeschriebenen Zeitschrift für ihre Beiträger aus der Hofgesellschaft.
Das Schauspiel *Elpenor* begonnen.

1782 Goethe wird geadelt, übernimmt die Finanzverwaltung und zieht in das Haus am Frauenplan. Am 25. Mai stirbt Goethes Vater.
Aufführung des Singspiels *Die Fischerin*.

1783 Goethe nimmt Fritz von Stein zur Erziehung in sein Haus. September–Oktober: **Zweite Harzreise**, diesmal mit Fritz von Stein.
Das Gedicht *Das Göttliche*.

1784 Goethe eröffnet den Bergbau in **Ilmenau**. Er entdeckt den Zwischenkieferknochen (*os intermaxillare*). September: **Dritte Harzreise**, diesmal mit Georg Melchior Kraus (1733–1806), dem Direktor der Weimarer Zeichenschule.

1785 Erster Kuraufenthalt in **Karlsbad**. Goethe nimmt naturwissenschaftliche, botanische und geologische Studien auf.
Wilhelm Meisters theatralische Sendung abgeschlossen.

1786 Juli/August: Zweiter Aufenthalt in **Karlsbad**. Vorbereitung der ersten Sammelausgabe der Werke. Zweitfassung des *Werther*. Am 3. September heimlicher Aufbruch nach **Italien**; in **Venedig** sieht Goethe zum erstenmal das Meer; am 29. Oktober Ankunft in **Rom**.
Begegnung mit den Malern Johann Heinrich Wilhelm Tischbein (1751–1829), Johann Heinrich Lips (1758 bis 1817), Angelica Kauffmann (1741–1807), Friedrich

Bury (1763–1823), Johann Georg Schütz (1755 bis 1813).
Iphigenie auf Tauris (Versfassung).

1787 Februar–Juni: Weiterreise nach **Neapel** und **Sizilien**. Bekanntschaft mit den Malern Philipp Hackert (1737–1807) und Christoph Heinrich Kniep (1748 bis 1825). Am 17. April im botanischen Garten von Palermo Entdeckung des Prinzips der Urpflanze, die Überzeugung von der ursprünglichen Identität aller Pflanzenteile. Seit Juni wieder in **Rom**.
Egmont abgeschlossen.

1788 Arbeit am *Faust*, am *Tasso*, Pläne zu *Nausikaa*. Am 23. April Abreise von Rom. Einige Tage in **Florenz**. Am 18. Juni wieder in **Weimar**; Entlastung von Regierungsgeschäften; am 12. Juli erste Begegnung, bald darauf Verbindung mit Christiane Vulpius (1765 bis 1816), die er 1806 heiratet. Christiane, die Tochter des Amtsarchivars Johann Friedrich Vulpius (1725–1786) und Schwester des Schriftstellers Christian August Vulpius (1762–1827), war Arbeiterin in einer Manufaktur für künstliche Blumen.
Römische Elegien begonnen.

1789 Am 25. Dezember Goethes Sohn August geboren. (Einzig Überlebender von fünf Kindern, gestorben 1830 in Rom.) Bekanntschaft mit Wilhelm von Humboldt (1767–1835).
Torquato Tasso abgeschlossen.

1790 März–Juni: **Zweite Italienreise, Venedig**. Juli–Oktober: Reise mit Herzog Carl August zum Manöver nach **Schlesien**. Studien zur Farbenlehre aufgenommen.
Versuch, die Metamorphose der Pflanzen zu erklären. – Venezianische Epigramme. – Faust, ein Fragment gedruckt.

1791 Goethe übernimmt die Leitung des Weimarer Hoftheaters (bis 1817).

Das Prosalustspiel *Der Groß-Cophta.* – *Beiträge zur Optik.*

1792 August–November: Teilnahme an der **Campagne in Frankreich** (Kanonade von Valmy). Herzog Carl August schenkt Goethe das Haus am Frauenplan.

1793 Mai–Juli: Teilnahme an der Belagerung von **Mainz**. Das Lustspiel *Der Bürgergeneral.* Das Epos *Reineke Fuchs* begonnen.

1794 20./23. Juli: Beginn der Freundschaft mit Schiller (1759–1805) nach einer Unterredung im Zusammenhang mit Goethes Vortrag über die Urpflanze in einer Sitzung der Naturforschenden Gesellschaft in Jena. Erste Begegnung mit Friedrich Hölderlin (1770 bis 1843).

Novellendichtung *Unterhaltungen deutscher Ausgewanderten* begonnen. *Wilhelm Meisters Lehrjahre,* 1.–3. Buch.

1795 *Das Märchen.* – Die ersten *Xenien.* – *Wilhelm Meisters Lehrjahre,* 4.–6. Buch.

1796 Bekanntschaft mit August Wilhelm Schlegel (1767 bis 1845). *Wilhelm Meisters Lehrjahre* abgeschlossen. *Hermann und Dorothea* begonnen.

1797 Bekanntschaft mit Friedrich Schlegel (1772–1829). August–November: **Dritte Schweizreise**. Goethe sieht seine Mutter zum letztenmal.

Balladen[jahr]. Wiederaufnahme der Arbeit am *Faust.* Die zusammen mit Schiller verfaßten *Xenien* erscheinen in dessen »Musenalmanach für das Jahr 1797«.

1798 März: Bekanntschaft mit Friedrich von Hardenberg (Novalis, 1772–1801). Ende Mai: Bekanntschaft mit Friedrich Wilhelm Joseph Schelling (1775–1854).

Eröffnung des umgebauten Hoftheaters mit *Wallensteins Lager* von Schiller. Goethe gibt die *Propyläen* heraus, eine periodische Schrift, in der er seine Kunstanschauungen erläutert (bis 1800).

Entstehung der Elegie *Die Metamorphose der Pflan-*

zen. – *Über Laokoon*, eine Darstellung seiner Kunstauffassung.

1799 Bekanntschaft mit Johann Ludwig Tieck (1773 bis 1853).
Schiller zieht von Jena nach Weimar.
Das epische Fragment *Achilleis*. Das Trauerspiel *Die natürliche Tochter* entworfen.

1800 Arbeit am *Faust*, zweiter Teil, *Helena*-Szenen.

1801 Juni–August: Reise nach **Pyrmont, Göttingen, Kassel.**

1802 Erster Besuch des Komponisten Carl Friedrich Zelter (1758–1832) in Weimar (Briefwechsel mit Goethe seit 1795).

1803 Goethe wird mit der Oberaufsicht der naturwissenschaftlichen Institute der Universität Jena beauftragt. Friedrich Wilhelm Riemer (1774–1845) wird Hauslehrer für Goethes Sohn.
Die natürliche Tochter abgeschlossen.

1804 Ernennung zum Wirklichen Geheimen Rat (Exzellenz).
Briefe und Aufsätze: *Winckelmann und sein Jahrhundert.*

1805 9. Mai: Schillers Tod. Freundschaft mit Zelter.
Epilog zu Schillers Glocke. Beginn des Drucks der *Farbenlehre.*

1806 *Faust, erster Teil* abgeschlossen. 12. Oktober: Goethes erster Besuch bei Johanna Schopenhauer (1766–1838). 14. Oktober: Schlacht bei Jena und Auerstädt. Danach Plünderung und Besetzung Weimars durch die Franzosen. Christiane rettet Goethes Leben. Goethe heiratet sie am 19. Oktober. 10. April: Tod der Herzogin Anna Amalia. 23. April: erste Begegnung mit Bettina Brentano in Weimar. 28. April: Tod des Landschaftsmalers Philipp Hackert, dessen autobiographische Aufzeichnungen Goethe 1811 herausgibt.
Die Elegie *Metamorphose der Tiere.*

1807 Leidenschaftliche Neigung zu Wilhelmine Herzlieb (1789–1865), »Minchen«, Pflegetochter des Jenaer Buchhändlers Karl Friedrich Ernst Frommann (1765 bis 1837), die Goethe bereits als Kind kannte.
Sonette. – *Wilhelm Meisters Wanderjahre* begonnen.

1808 13. September: Goethes Mutter gestorben. Unterredungen mit Napoleon, am 2. Oktober in Erfurt, am 6. und 10. Oktober in Weimar. Goethe erhält den Orden der Ehrenlegion.
Teildruck des Festspiels *Pandora.*

1809 *Die Wahlverwandtschaften.* Arbeit an der *Farbenlehre.*

1810 Abschluß der *Farbenlehre.* – *Goethes Werke*, seit 1806 erschienen.

1811 *Philipp Hackert. Biographische Skizze, meist nach dessen eigenen Aufsätzen entworfen von Goethe.* – *Dichtung und Wahrheit, erster Teil* erschienen.

1812 Begegnung mit Ludwig van Beethoven (1770–1827) und Kaiserin Maria Ludovica von Österreich (1787 bis 1816) in Karlsbad.
Dichtung und Wahrheit, zweiter Teil erschienen.

1813 20. Januar: Wielands Tod. 16.–19. Oktober: Schlacht bei Leipzig.
Erste Arbeit an der *Italienischen Reise.*

1814 *Dichtung und Wahrheit, dritter Teil* erschienen.

1814/15 Reisen an den **Rhein, Main und Neckar**. Freundschaft mit Marianne von Willemer (1784–1860). Arbeit am *West-östlichen Divan.* – *Des Epimenides Erwachen. Ein Festspiel* [anläßlich des Sieges über Napoleon].

1815 Verbannung Napoleons nach St. Helena, Sachsen-Weimar-Eisenach wird durch Beschluß des Wiener Kongresses Großherzogtum. Goethe wird zum Staatsminister ernannt.

1816 6. Juni: Tod Christianes.

1816–29: Arbeit an der *Italienischen Reise.* – Zeitschrift *Über Kunst und Altertum* (bis 1832).

1817 Vermählung Augusts von Goethe mit Ottilie von Pogwisch (1796–1872); aus dieser Verbindung stammen die Enkelkinder Walther Wolfgang (1818–85), Wolfgang Maximilian (1820–83) und Alma Sedina Henriette Cornelia (1827–44). Goethe übernimmt die Aufsicht über die Vereinigung der Bibliotheken in Jena.
Urworte. Orphisch. – *Geschichte meines botanischen Studiums.* – Zeitschrift *Zur Naturwissenschaft überhaupt, besonders zur Morphologie* (bis 1824).

1819 *West-östlicher Divan* abgeschlossen. *Goethes Werke* in zwanzig Bänden, seit 1815 erschienen.

1821 Erste Begegnung mit Ulrike von Levetzow (1804–99) in **Marienbad**, die Goethe bereits als Vierjährige an der Hand ihrer schönen Mutter gesehen hatte, und zu der er 1823 eine leidenschaftliche Neigung faßt.
Wilhelm Meisters Wanderjahre in erster Fassung erschienen (2. Fassung 1829).

1822 *Campagne in Frankreich* abgeschlossen.

1823 Erster Besuch Johann Peter Eckermanns (1792–1854) in Weimar. Goethe veranlaßt Eckermann, in Weimar zu bleiben. Eckermann zeichnet seine *Gespräche mit Goethe in den letzten Jahren seines Lebens* auf und setzt damit den Ton künftiger Goetheverehrung. Werbung Goethes um Ulrike von Levetzow in **Marienbad.** Der vierundsiebzigjährige Dichter läßt durch den Großherzog Carl August bei deren Mutter förmlich um die Hand der 19jährigen Ulrike anhalten und erhält eine dilatorische Antwort.
Marienbader Elegie.

1824 Vorbereitung zur Herausgabe des *Briefwechsels mit Schiller.*

1825 Arbeit am *Faust, zweiter Teil.*

1826 Abschluß des *Helena*-Aktes.

1827 6. Januar: Tod Charlotte von Steins.
Zahme Xenien. – *Novelle* erschienen.
1828 14. Juni: Tod des Großherzogs Carl August.
1829 Uraufführung des *Faust* in Braunschweig.
Arbeit an der *Italienischen Reise* beendet.
1830 14. Februar: Tod der Großherzogin Luise. Am 10. November erhält Goethe Nachricht vom Tod seines Sohnes August, der am 26. Oktober in Rom gestorben ist.
Goethes Werke, vollständige Ausgabe letzter Hand in vierzig Bänden, seit 1827 erschienen; im 27.–29. Band erstmals vollständig die *Italienische Reise.*
1831 *Faust, zweiter Teil* abgeschlossen, das Manuskript versiegelt, da es erst postum veröffentlicht werden soll. *Dichtung und Wahrheit, vierter Teil* ausgeführt (entworfen war dieser Teil bereits 1816, veröffentlicht wurde er postum 1833 durch Eckermann).
1832 22. März: Goethes Tod. Bis 1842 erscheinen 20 Bände der *Nachgelassenen Werke.*

II. Autor und Werk

Vielseitig begabt, universell gebildet und rastlos tätig, wurde Goethe zum Haupt der deutschen Klassik. Die Bewunderung seiner Leistungen hat zur anhaltenden Idealisierung seiner Person geführt.

Goethe entstammte dem Frankfurter Stadtpatriziat. Der väterliche Großvater war ein Schneider, der als wohlhabender Wirt und Weinhändler starb. Seine Hinterlassenschaft ermöglichte es seinem Sohn, ohne Berufseinkünfte zu leben, und machte selbst noch den Enkel wirtschaftlich unabhängig. Der mütterliche Großvater Johann Wolfgang Textor war Rat, später Älterer Bürgermeister und oberster Richter der Freien Reichsstadt Frankfurt. Seine Tochter Katharina Elisabeth heiratete 1748 den einundzwanzig Jahre älteren Kaiserlichen Rat Johann Caspar Goethe. Von ihren sechs Kindern starben vier im frühen Alter.

Johann Wolfgang Goethe selbst kam am 28. August 1749 »für tot auf die Welt«. Er wuchs zusammen mit seiner Schwester Cornelia auf. Goethes Vater sorgte persönlich und durch Hauslehrer für beste Erziehung und Bildung seiner Kinder.

Als entscheidendste Kindheitseindrücke erwähnt Goethe in seiner Autobiographie *Dichtung und Wahrheit* das Puppentheater, das ihm seine Großmutter schenkte; den Umbau des Elternhauses im Großen Hirschgraben; und das Erdbeben am 1. November 1755 in Lissabon, das seinen christlichen Glauben erschütterte.

Der Siebenjährige Krieg (1756–63) spaltete die Familie, weil Goethes Vater ›fritzisch‹, der Großvater Textor aber kaiserlich gesonnen war. Zudem brachte die französische Besatzung der Stadt 1759–61 die Einquartierung des Königsleutnants François Comte de Thoranc. Dieser kunstsinnige Mann ließ Frankfurter Maler im Hirschgraben für sich arbeiten. Goethe sah tagsüber den Malern zu und besuchte

Goethes Geburtshaus in Frankfurt vor dem Umbau im Jahre 1755/56

abends das französische Theater im Junghof. Ein Jahr nach dem Abzug der Franzosen wurde der Erzherzog Joseph der Zweite in Frankfurt zum Römischen König gewählt und gekrönt. Auch diese farbenprächtige »politisch-religiose Feierlichkeit« zählte Goethe zu den unvergeßlichen Eindrücken seiner frühen Jugend. Es war die Zeit, in der er sich erstmals in ein Mädchen verliebte, das er später Gretchen nannte.

Goethe, dem auch die astrologische Nativität von prägender Bedeutung schien (vgl. den Beginn von *Dichtung und Wahrheit* sowie die »Urworte. Orphisch«), sagt über das Erbteil seines aufgeklärten pedantischen Vaters und das seiner pietistischen, aber lebensfrohen Mutter: »Vom Vater hab ich die Statur, / Des Lebens ernstes Führen, / Vom Mütterchen die Frohnatur / Und Lust zu fabulieren.«

Im September 1765 ging der sechzehnjährige Goethe nach Leipzig, um dort dem Wunsch seines Vaters entsprechend Jura zu studieren. Doch die Juristerei interessierte ihn kaum. Er hörte den Fabeldichter Gellert, besuchte den Literaturpapst Gottsched, lernte zeichnen bei Oeser und radieren bei dem Kupferstecher Stock. Den Besuch Winckelmanns, der mit Oeser befreundet war und dessen klassisches Kunstideal Goethe übernahm, erwartete er vergeblich, weil Winckelmann kurz vor seiner Abreise in Triest ermordet wurde. Dem scharfsinnigen und streitbaren Lessing, dessen *Laokoon* gerade erschienen war, ging er aus dem Wege.

Goethe schrieb anfangs der Leipziger Mode entsprechend geistreich-elegante schäferliche und anakreontische Gedichte im Stil des Rokoko. Sein elf Jahre älterer Freund, der Hofmeister Ernst Wolfgang Behrisch, unterzog die etwas frühreifen Texte kritischen Würdigungen, kalligraphierte sie und versammelte sie zu dem Buch *Annette*.

Goethe verliebte sich in Anna Katharina (Käthchen) Schönkopf und plagte die drei Jahre ältere Frau mit Eifersüchteleien. Wenig später gestaltete er das Eifersuchtsmotiv in den

Goethes Mutter, Catharina Elisabeth Goethe geb. Textor (1731–1808). Gemälde von Georg Oswald May, 1776

Dramoletten *Die Laune des Verliebten* und *Die Mitschuldigen.*
Eine schwere Krankheit veranlaßte Goethe, an seinem neunzehnten Geburtstag nach Frankfurt heimzukehren.
Der bettlägrige Student fand Trost und Rat bei Susanna Katharina von Klettenberg, einer pietistischen Verwandten und Freundin seiner Mutter. »Es ist dieselbe, aus deren Unterhaltungen und Briefen die ›Bekenntnisse der schönen Seele‹ entstanden sind, die man in ›Wilhelm Meister‹ eingeschaltet findet« (*DuW*, 8. Buch). Unter ihrem Einfluß begann Goethe mit pietistischer Selbstbeobachtung und Gewissenserforschung. Daneben wandte er sich dem Studium alchimistisch-pansophischer Bücher zu und unternahm alchimistische Experimente. Er las Wellings *Opus mago-cabbalisticum*, die Werke von Theophrastus Paracelsus und Basilius Valentinus, Helmont und Starkey. Vor allem aber las er Gottfried Arnolds *Unpartheyische Kirchen- und Ketzerhistorie* (1699/1700), ein Werk, das die institutionell-objektivierende Gestaltung des Glaubens gegenüber der pneumatischen Innerlichkeit des Urchristentums als Verarmung schilt und große Häretiker als heilige Zeugen der Wahrheit rechtfertigt. Aus dieser Zeit stammt Goethes lebhafte Beziehung zum Geist des Mittelalters, zur Faustfigur, zu Alchimie, Okkultismus, Mystik und unorthodoxem Christenglauben.
Im April 1770 ging Goethe zur Fortsetzung seines Studiums nach Straßburg. Die Münstergotik Erwins von Steinbach inspirierte ihn zu dem genialischen Prosa-Hymnus *Von deutscher Baukunst.* Die nachhaltigsten Anregungen empfing er durch die Begegnung mit Johann Gottfried Herder (1744–1803). Herder, der bereits durch seine *Fragmente über die Neuere deutsche Literatur* sowie die *Kritischen Wälder* bekannt war, arbeitete damals an seiner *Abhandlung über den Ursprung der Sprache* und lenkte Goethes Blick vom überlebten Rokoko auf die Ursprünglichkeit

Goethes Vater, Johann Caspar Goethe (1710–82)
Stich nach einer Aquarellminiatur von
Georg Friedrich Schmoll, 1774

und Originalität der Alten: auf das Alte Testament, Homer, Pindar und Ossian[1], auf die Engländer Shakespeare, Swift, Sterne und Goldsmith; vor allem aber auf Johann Georg Hamanns (1730–88) gegenaufklärerische Sprach- und Kunstauffassung. Hamanns Vorstellung von der Poesie als Ursprache des Menschengeschlechts ließ ihm die Volksdichtung in neuem Lichte strahlen. Goethe schrieb: »Ich ward mit der Poesie von einer ganz andern Seite, in einem andern Sinne bekannt als bisher, und zwar in einem solchen, der mir sehr zusagte« (*DuW*, 10. Buch). Er streifte durch das herrliche Land, sammelte Volkslieder und verliebte sich in die Sesenheimer Pfarrerstochter Friederike Brion. »Unter diesen Umgebungen«, erinnerte er sich, »trat unversehens die Lust zu dichten, die ich lange nicht gefühlt hatte, wieder hervor« (*DuW*, 11. Buch). Er verfaßte selber volkstümliche Gedichte (vgl. »Heidenröslein«, S. 39, und »Der König in Thule«, S. 48) und schlug mit seiner Friederikenlyrik völlig neue Töne an (vgl. die Gedichte »Willkommen und Abschied«, S. 37, »Maifest«, S. 41, und »Kleine Blumen, kleine Blätter«). Goethes innige Verschmelzung von Seele und Natur hat den Begriff der Erlebnislyrik ganz wesentlich geprägt.

Am 6. August 1771 erwarb Goethe den juristischen Lizentiatentitel. Am selben Tag verabschiedete er sich von Friederike, ohne ihr jedoch zu sagen, daß er nicht wiederkommen würde. Später bekannte er: »Die Antwort Friedrikens auf einen schriftlichen Abschied zerriß mir das Herz« (*DuW*, 12. Buch).

Im September 1771 wurde er in Frankfurt als Anwalt zugelassen. Mit Unterstützung seines Vaters führte er ohne großes Engagement in vier Jahren 28 Prozesse. Begeistert fei-

1 James Macpherson (1736–96), Lehrer in Edinburgh, dichtete 1761 bis 1765 unter Verwendung alter irischer und schottischer Sagen und Volksballaden Heldenlieder, die er für Übersetzungen alter gälischer Fragmente ausgab. Man glaubte lange, ein alter Sänger namens Ossian sei der Verfasser gewesen.

erte er den Namenstag seines Idols William Shakespeare. (Vgl. seine Rede *Zum Shakespeares-Tag*, die Darstellungen im 3., 4. und 5. Buch von *Wilhelm Meisters Lehrjahren* und den Aufsatz *Shakespeare und kein Ende* von 1813 und 1816.) Er begann mit der Dramatisierung des Faust-Stoffes (vgl. den *Urfaust*) und der *Lebens-Beschreibung Herrn Gözens von Berlichingen*, übersetzte James Macphersons *Ossian* und formulierte seine Gedanken *Von deutscher Baukunst*.

Heinrich Merck[2] führte ihn in seinen Darmstädter Kreis, die empfindsame »Gemeinschaft der Heiligen« ein. Goethe wanderte viel in der Gegend zwischen Frankfurt, Homburg und Darmstadt. Aus dieser empfindsamen und stürmisch bewegten Zeit stammen die großen Hymnen »Wandrers Sturmlied« und »Der Wandrer«, »Mahomets-Gesang«, »Ganymed« (S. 48), »An Schwager Kronos« (S. 50) und »Prometheus« (S. 53), zu deren dynamischem freien Rhythmus Goethe durch das Studium Pindars angeregt worden war.

Auf Vorschlag seines Vaters ging Goethe 1772 als Praktikant an das Reichskammergericht nach Wetzlar. Aber auch hier interessierte er sich nicht für die Juristerei. Als Götz, der Redliche, verkehrte er mit seinen Kollegen, die sich am Mittagstisch zu einer Tafelrunde fingierter »teutscher Ritterschaft« trafen. Anläßlich eines Balles in Volpertshausen lernte er Charlotte Buff kennen, die ein Vorbild für die Geliebte des jungen Werthers werden sollte. Ihr Bräutigam Johann Christian Kestner beschrieb Goethe damals so: »Er ist in allen seinen Affecten heftig, hat jedoch oft viel Gewalt über sich. Seine Denkungsart ist edel; von Vorurtheilen so viel frey, handelt er, wie es ihm einfällt, ohne sich darum zu

2 Johann Heinrich Merck (1741–96), Kriegszahlmeister in Darmstadt, seit 1774 Kriegsrat, Schriftsteller, der wegen Goethes Charakterisierung in *Dichtung und Wahrheit* (15. Buch) oft für ein Urbild des Mephistopheles gehalten wird. Goethe arbeitete an den *Frankfurter Gelehrten Anzeigen* mit, deren Leitung Merck gerade übernommen hatte.

bekümmern, ob es Andern gefällt, ob es Mode ist, ob es die Lebensart erlaubt. Aller Zwang ist ihm verhaßt.
Er liebt die Kinder und kann sich mit ihnen sehr beschäftigen. Er ist *bizarre* und hat in seinem Betragen, seinem Aeußerlichen verschiedenes, daß ihn unangenehm machen könnte. [...]
Er strebt nach Wahrheit, hält jedoch mehr vom Gefühl derselben, als von ihrer Demonstration.
Er hat schon viel gethan und viele Kenntnisse, viel Lectüre; aber doch noch mehr gedacht und *raisonnirt*. Aus den schönen Wissenschaften und Künsten hat er sein Hauptwerck gemacht, oder vielmehr aus allen Wissenschaften, nur nicht den sogenannten Brodwissenschaften.«[3]
Goethe fühlte sich in der poetischen Rolle des unglücklichen Liebhabers wohl. Doch als das Verhältnis zwischen ihm, Lotte und Kestner »leidenschaftlicher als billig« wurde, reiste er, wiederum ohne erklärten Abschied, ab und ging nach Koblenz, wo er sich der sechzehnjährigen Maxe[4] zuwandte.
Die Verehelichungen seiner engvertrauten Schwester Cornelia, Lottes, Maximilianes (auch Herder heiratete um diese Zeit), dazu der Freitod Jerusalems aus unglücklicher Liebe zu einer verheirateten Frau, versetzten Goethe schließlich in einen solchen weltschmerzlichen Trübsinn, daß er Anfang 1774 den Briefroman *Die Leiden des jungen Werthers* in wenigen Wochen niederschrieb. Der Erfolg des *Werther* war sensationell. Wie mit dem Kerl Götz in seinem kurz zuvor entstandenen Drama *Götz von Berlichingen* hatte Goethe mit dem gesellschaftskritischen Gefühlsheros Werther seiner Generation zum zweitenmal eine Identifikationsfigur gestiftet. Nachdrucke, Nachahmungen, Gegenschriften, Verbote, Apologien, Übersetzungen, Parodien

3 A. Kestner, *Goethe und Werther*, 1854, S. 35ff.
4 Maximiliane von La Roche (1756–93), älteste Tochter der Schriftstellerin Sophie von La Roche, später verheiratete Brentano, Mutter der Schriftsteller Bettina und Clemens Brentano.

des *Werther* machten Goethe mit vierundzwanzig Jahren schlagartig zum berühmtesten deutschen Autor seiner Zeit. Andere Stürmer und Dränger suchten seine Bekanntschaft. Er reiste mit dem Theologen Lavater[5] und dem Pädagogen Basedow[6] auf Lahn und Rhein zu Jung-Stilling, wo er die Brüder Jacobi und Heinse traf. Er empfing Klopstocks Besuch und den Besuch des Kammerherrn Karl Ludwig von Knebel, der ihn mit Carl August von Sachsen-Weimar bekannt machte. Er führte mit der Reichsgräfin Auguste Luise zu Stolberg einen vertraulich-empfindsamen Briefwechsel und reiste mit ihren Brüdern, den Grafen Stolberg und Graf Haugwitz, in die Schweiz. Unausgesprochener Zweck dieser Geniereise der »vier Haimonskinder« im Wertherkostüm war für Goethe die Entfernung von Lili[7], der sechzehnjährigen Bankierstochter, mit der er sich 1775 verlobt hatte. Goethes Bindungsangst sowie soziokulturelle Spannungen zwischen den Familien verhinderten die Ehe mit der Frau, die er in seinen Lili-Liedern besang und die nach Ansicht mancher seiner Biographen eine ihm würdige Lebensgefährtin gewesen wäre. Zur Herbstmesse löste er das Verlöbnis und folgte, entgegen dem Rat seines Vaters, der Einladung Carl Augusts nach Weimar.

Damit endet die Epoche, aus der fast alle Ideen und Pläne zu seinen großen Dichtungen stammen. Goethe plante damals eine Cäsar-Tragödie, ein Sokrates-, ein Mahomet- und

5 Johann Caspar Lavater (1741–1801) veröffentlichte seit 1775 *Physiognomische Fragmente zur Beförderung der Menschenkenntnis und Menschenliebe*. Er ließ Goethe, der ihn freundlich rezensiert hatte, von Johann Daniel Bager für seine Physiognomik malen (vgl. S. 47). Goethe beteiligte sich eine Zeitlang eifrig an der physiognomischen Wahrsagekunst.

6 Johannes Bernhard Basedow (1723–90). Vgl. Goethe über diese Reise: »Prophete rechts, Prophete links, / Das Weltkind in der Mitten« (*DuW* III,14). Aus dieser Zeit stammt der *Brief des Pastors zu *** an den neuen Pastor zu ****, eine der wichtigsten religiösen Standortbestimmungen Goethes.

7 Anna Elisabeth Schönemann (vgl. den biographischen Hintergrund zu dem Gedicht »Auf dem See«, S. 55).

ein Prometheus-Drama, er entwarf den *Egmont*, den *Tasso* und den *Wilhelm Meister*; der gewichtigste Torso aus dieser Zeit ist der *Urfaust*.

Goethes Entschluß, sich dem feudalen Staatsdienst zu widmen, hat seit 1775 sein ganzes künftiges Leben und Denken bestimmt.

Das Herzogtum Sachsen-Weimar-Eisenach war siebzehn Jahre lang von der Herzogin Anna Amalia regiert worden. Zum »Musenhof« der sechsunddreißigjährigen Regentin, die selber malte und komponierte, gehörten bereits der Volksmärchenerzähler Musäus (1735–87) und Christoph Martin Wieland (1733–1813). Der Erbprinz Herzog Carl August war 1775 mit 18 Jahren gerade volljährig geworden und hatte die Regentschaft übernommen. Carl August und Goethe waren sich seit ihrer Bekanntschaft in ihren Ansichten über zeitgemäße Staatsführung einig. Auf seiner Durchreise zur Vermählung mit Prinzessin Louise von Hessen-Darmstadt lud Carl August Goethe nach Weimar ein. Goethes Besuch war zunächst zeitlich begrenzt gedacht. Doch schon Januar 1776 schrieb Goethe an Merck: »[...] in alle Hof- und politische Händel verwickelt und werde fast nicht wieder weg können.«

Herzog Carl August ernannte Goethe zum Geheimen Legationsrat. Goethe bekam Sitz und Stimme im obersten Gremium, dem Geheimen Conseil, und bezog mit 1200 Talern das zweithöchste Gehalt im Lande. 1779 wurde er zum Geheimrat ernannt und 1782 geadelt. In Ausübung seines Staatsdienstes übernahm er 1776 die Bergwerkskommission, 1779 die Kriegskommission, die Wegebaukommission und die Wasserbaukommission und 1782 schließlich die Leitung der »Kammer«, die oberste Finanzbehörde des Landes. Das heißt, nach anfänglichen Sturm-und-Drang-Vergnügungen mit dem jungen Herzog (über deren Beurteilung es zum Bruch mit Klopstock kam) widmete Goethe sich vielfältigen Regierungstätigkeiten. In seinem Tagebuch notierte er: »Der Druck der Geschäfte ist sehr schön der Seele [...]. Elender ist nichts als der behagliche Mensch ohne Arbeit [. . .].« Und an Knebel schrieb er: »Das Bedürfnis meiner Natur zwingt mich zu einer vermannigfaltigten Tätigkeit [. . .], weil es ein Artikel meines Glaubens ist [. . .].«

Neben seinen amtlichen Tätigkeiten sorgte Goethe für die Unterhaltung des Hofes. Er gab Leseabende, organisierte Redouten und Maskenzüge und brachte das Liebhabertheater in Schwung. Dort spielt man unter anderem seine frühen Schauspiele *Die Laune des Verliebten*, *Die Mitschuldigen*, *Jahrmarktsfest zu Plundersweilern*, *Erwin und Elmire* und die Gelegenheitsstücke: *Die Geschwister*, das Singspiel *Lila*, die dramatische Grille *Der Triumph der Empfindsamkeit*, *Proserpina* sowie *Jery und Bätely* und *Die Fischerin*. Den Höhepunkt bildete die Uraufführung der *Iphigenie* in rhythmischer Prosa im April 1779 mit Corona Schröter und Goethe in den Hauptrollen.

Goethes schnelle und wirkungsvolle Einordnung in die Weimarer Hofgesellschaft ist vor allem durch seine vertraute Seelenfreundin Frau von Stein befördert worden. (Vgl. die Verse an Lida, besonders das Gedicht »Warum gabst du uns die tiefen Blicke«.) Charlotte Ernestine Albertine Freifrau von Stein war mit sechzehn Jahren als Hofdame Anna Amalias nach Weimar gekommen und hatte 1764 den Stallmeister Freiherr von Stein geheiratet. Der inzwischen dreiunddreißigjährigen grazilen, unerreichbaren, kühlen, verständigen Frau zu gefallen, nahm Goethe schnell Abstand vom Lebensstil der Stürmer und Dränger und strebte statt dessen nach Ordnung, Gesittung und Reinheit, wie sie sich in dem Schauspiel *Iphigenie auf Tauris* spiegeln. Aber schon mit dem Entwurf des *Tasso* deutete sich die aus der »Disproportion des Talents mit dem Leben« erwachsende Krise an.

Goethe hatte trotz Ämterhäufung und konzentrierter Arbeit »das durchaus Scheißige dieser zeitlichen Herrlichkeit« kaum reformieren können. Er seufzte: »Wieviel wohler wäre mir's wenn ich von dem Streit der politischen Elemente abgesondert, den Wissenschaften und Künsten wozu ich geboren bin, meinen Geist zuwenden könnte« (an Frau von Stein). Er war zu der Einsicht gekommen: »Wer sich mit der Administration abgibt, ohne regierender Herr zu sein, der muß entweder ein Philister oder ein Schelm oder ein Narr sein« (an Frau von Stein, 9. Juli 1786).

Im September 1786 entzog er sich diesem Ungemach durch eine längere Reise nach Italien. Er reiste nach Rom, stieg bei dem Maler Tischbein[8] ab und lebte unter den Künstlern der dortigen deutschen Malerkolonie. Er zeichnete, studierte die antiken Kunstwerke, genoß das sinnenfreudige Leben, besuchte das Theater und das Gericht, beobachtete Prozessionen und Kirchenfeste, beschrieb den Römischen Karneval und war glücklich wie selten zuvor. Er begleitete Tischbein auf eine Reise nach Neapel und lernte dort den Maler Philipp Hackert (1737–1807) kennen, dessen Lebensgeschichte er später herausgab. Er bestieg dreimal den Vesuv, besichtigte Pompeji, Herculaneum und die griechischen Tempel in Paestum. Im Botanischen Garten von Palermo kam ihm die Idee der ursprünglichen Identität aller Pflanzenteile, der Grundgedanke seiner »Urpflanze«.

Am Ende seiner Italienreise notierte er: »Täglich wird mir's deutlicher, daß ich eigentlich zur Dichtkunst geboren bin [...]. Von meinem längern Aufenthalt in Rom werde ich den Vorteil haben, daß ich auf das Ausüben der bildenden Kunst Verzicht tue.«

Um Raubdruckern zuvorzukommen, hatte Goethe sich zur Ausgabe seiner *Schriften* entschlossen. Die ersten vier Bände hatte er noch vor seiner Abreise aus Karlsbad druckfertig gemacht. Die zweite Hälfte hoffte er in Italien fertigzustellen. Das gelang nur zum Teil: Er brachte die *Iphigenie* in Blankverse, vollendete den *Egmont*, überdachte den *Tasso* auf hoher See vor Sizilien und vermehrte den *Faust* um Teile der Pakt-Szene, die »Hexenküche« sowie »Wald

8 Johann Heinrich Wilhelm Tischbein (1751–1829), dem Goethe ein Stipendium besorgt hatte und der Goethe lebensgroß als Reisenden in der Campagna malte.

Goethe in der Campagna. Ölgemälde von Johann Heinrich Wilhelm Tischbein, 1786–88

und Höhle«. Im Juni 1788 traf er wieder in Weimar ein. Die wichtigsten Erlebnisse seines beinahe zweijährigen Aufenthalts in Italien veröffentlichte er später in den Prosaaufzeichnungen *Italienische Reise*, *Zweiter Römischer Aufenthalt*, *Das Römische Karneval* und als *Römische Elegien*.
Goethe hatte sich in Italien »als Künstler« wiedergefunden. Er bat den Herzog, ihn auch künftig von den vielen Amtsgeschäften freizustellen, und führte danach nur noch die Aufsicht über die kulturellen und wissenschaftlichen Einrichtungen des Landes: die Parks und Bibliotheken, das 1791 gegründete Hoftheater und die Universität in Jena. Enttäuscht zeigte sich Goethe, daß seine alten Weimarer Bekannten sich wenig für seine Bildungserlebnisse interessier-

ten und Charlotte von Stein wegen seiner heimlichen Abreise nach Italien noch immer verstimmt war. Als Goethe die dreiundzwanzigjährige Christiane Vulpius als Geliebte und Hausgenossin aufnahm, war der Bruch mit Frau von Stein besiegelt. Goethe, der schon vor seiner Italienreise gefunden hatte: »Die Consequenz der Natur tröstet schön über die Inconsequenz der Menschen« (an Knebel, 2. April 1785), wandte sich nun der Morphologie zu. Er wollte die mannigfaltigen besonderen Erscheinungen der organischen Natur auf ein allgemeines einfaches Prinzip zurückführen. Sein *Versuch, die Metamorphose der Pflanzen zu erklären* entfaltet dazu das Aperçu »Alles ist Blatt«, den Goethe im Botanischen Garten von Palermo gefunden hatte. Ähnlich behauptet der fragmentarische Aufsatz über die *Gestalt der Tiere*: »die sämtlichen Schädelknochen seien aus verwandelten Wirbelknochen entstanden«, eine Ansicht, die sich in dieser Form nicht bestätigt hat. Die Farbenlehre schließlich hielt ihn zwanzig Jahre (1790–1810) fest.

Die naturwissenschaftlichen Studien wurden für Goethe auch eine Fluchtburg vor den politischen Wirren der Zeit. Im Gegensatz zu Herder, Humboldt, Schiller, Hölderlin und vielen anderen, die den Aufbruch in der Französischen Revolution begrüßten, fürchtete Goethe für die geistige Kultur. Er war kein Verfechter des Ancien régime, doch er wünschte sich die Veränderungen im Gesellschaftlichen so wie er den Gestaltwandel in der Natur beobachtete: durch Evolution, nicht durch Revolution. Daher seine revolutionskritische Haltung in den Lustspielen *Der Groß-Cophta* und *Der Bürgergeneral*, in dem Komödienfragment *Die Aufgeregten*, in der Novellendichtung *Unterhaltungen deutscher Ausgewanderten* und in dem Trauerspiel *Die natürliche Tochter.* Zu Eckermann sagte er später: »Es ist wahr, ich konnte kein Freund der französischen Revolution seyn, denn ihre Gräuel standen mir zu nahe und empörten mich täglich und stündlich, während ihre wohlthätigen Folgen damals noch nicht zu ersehen waren.«

Wie schon bei den preußischen Manövern 1790 in Schlesien

war Goethe selbst bei der »Campagne in Frankreich« mit der Kanonade von Valmy am 20. September 1792 und der »Belagerung von Mainz« im Jahre 1793 ein Beobachter ohne politischen Eifer; immer bereit, mit seinen Gedanken ins Naturwissenschaftliche zu flüchten.

Goethe und Schiller kannten einander aus ihren Veröffentlichungen. Goethe förderte nach seiner Rückkehr aus Italien Schillers Anstellung als Professor für Geschichte in Jena. Anfangs mochten sie einander nicht, doch sie brauchten einander: Schiller wollte Goethe zur Mitarbeit an seiner neuen Zeitschrift *Die Horen* gewinnen, und Goethe seufzte: »Man kann sich keinen isoliertern Menschen denken, als ich damals war« (*Campagne in Frankreich*). Möglich wurde die bis zu Schillers Tod währende Zusammenarbeit durch Schillers diplomatisches Talent. Schiller näherte sich Goethe, indem er nach einem Vortrag vor der »Naturforschenden Gesellschaft« in Jena über die »Urpflanze« ein Gespräch mit ihm führte und ihm kurz darauf am 23. August 1794 in einem Brief die Unterschiedlichkeit ihrer Zugriffe auf die Welt so erläuterte, daß der Gegensatz ihrer Denkweisen komplementär erschien. Zum vertraulichen »Du« ist es in dieser »Freundschaft« nicht gekommen. Goethe hat Schiller erst nach dessen Tod recht gewürdigt.

Schiller drängte Goethe, *Wilhelm Meisters Lehrjahre* zu beenden. Leider konnte er diesen Prototyp des deutschen Bildungsromans, der schon dem Verleger Unger versprochen war, nicht in den *Horen* veröffentlichen. Da die *Horen* nicht den erhofften Absatz fanden, schlug Goethe vor, mit der Kritik und dem Publikum in satirischen Xenien nach Art des Martial[9] abzurechnen. Die *Xenien*, 413 Monodistichon-Epigramme, erschienen in Schillers *Musen-Almanach für das Jahr 1797* und machten Furore. Nach diesem kritischen Rundumschlag zeigten Goethe und Schiller, was sie selbst unter »klassischer Dichtung« verstanden. Im *Musen-*

9 Marcus Valerius Martialis (um 40 – um 102) Epigrammatiker, der mit frivoler Offenheit die gesellschaftlichen Zustände Roms geißelte.

Almanach für das Jahr 1798 veröffentlichten sie die Früchte ihres Balladenjahres.[10] Der Publikumsliebling Schiller schrieb zwischen 1796 und 1805 in schneller Folge sieben seiner großen Dramen. Goethe arbeitete in dieser Zeit an der *Farbenlehre* und auf Schillers Drängen am *Faust*. Mit dem Epos *Hermann und Dorothea*, neun Gesängen in Hexametern, die jenes ruhige besitzbürgerliche Gemeinwesen besingen, gegen dessen behaglich-behäbige Trägheit sich Werther einst aufgelehnt hatte, erlangte er 1797 eine seit dem *Werther* nicht mehr erreichte Beliebtheit. Die fruchtbare Epoche der Weimarer Klassik endete 1805 abrupt mit Schillers Tod.

Im Juli 1806 konstituierte Napoleon den Rheinbund. Franz II. legte darauf die deutsche Kaiserkrone nieder und erklärte das Ende des Heiligen Römischen Reiches Deutscher Nation. Napoleons Truppen überschwemmten nun das süd- und westdeutsche Protektorat. Als Napoleon auch nach Preußens Besitz griff, kam es zum Krieg, den Preußen durch die Niederlage in der Schlacht bei Jena und Auerstedt verlor. Da diese Vorgänge aber weder Kunst noch Wissenschaft berührten, ließen sie Goethe, im Gegensatz zu seinen Zeitgenossen, ziemlich kalt. Erst als französische Truppen in Weimar brandschatzten und auch sein Haus plündern wollten, wurde die Sache für ihn gefährlich. Es war Christiane Vulpius, die den Marodierenden mutig entgegentrat und sie aus dem Haus drängte. Goethe nahm den Vorfall zum Anlaß, seine Lebensgefährtin zu ehelichen.

Napoleon indessen blieb für Goethe der Ordnung stiftende Überwinder der Französischen Revolution. Mehr noch, er fesselte Goethe als »dämonische Natur«. Denn Goethe vermeinte in Napoleon jene amoralische, der Vernunft überle-

10 Von Goethe stammen die altertümlicheren, volksliedhaft-atmosphärischen Balladen: »Der Schatzgräber«, »Legenden«, »Die Braut von Korinth«, »Der Gott und die Bajadere« und »Der Zauberlehrling«; von Schiller kamen die dramatisch strafferen Beispiele: »Der Ring des Polykrates«, »Der Handschuh«, »Ritter Toggenburg«, »Der Taucher«, »Die Kraniche des Ibykus« und »Der Gang nach dem Eisenhammer«.

gene Naturkraft zu erkennen, welche er bereits im *Egmont* dargestellt hatte und die nun in dem Roman von den »Wahlverwandtschaften« beispielhaft in Erscheinung trat.
Goethe ist Napoleon während des Erfurter Fürstentages 1808 mehrmals persönlich begegnet und empfing am 14. Oktober das Ritterkreuz der Ehrenlegion, das er auch nach dem Sturz »seines Kaisers« nicht ablegte. Dies hielt ihn jedoch nicht davon ab, für die offizielle Feier des Sieges über Napoleon das Festspiellibretto *Des Epimenides Erwachen* zu verfassen.
Die gründliche Beschäftigung mit *Faust*, dessen erster Teil 1806 endlich zum Abschluß gekommen war, und seine eigenen Naturbeobachtungen, besonders im Zusammenhang mit der Abhandlung *Zur Farbenlehre*, ließen den ganzheitlich betrachtenden Dichter mehr und mehr in naturgesetzlichen Polaritäten denken; ein Denkstil, der manche Inkonsequenz und manchen Widerspruch aufzunehmen vermochte.
In dem Napoleonischen Jahrzehnt hatte Goethe sehr zurückgezogen gelebt. In dieser Zeit waren Schiller, die Herzogin Anna Amalia, Goethes Mutter und Wieland gestorben. Jetzt, nach der Beendigung des Krieges durch den ersten Pariser Frieden, nach der Fertigstellung des *Epimenides* und der ersten fünfzehn Bücher von *Dichtung und Wahrheit* ergriff den Dichter neue Lebenslust. Er besuchte nach siebzehn Jahren zum ersten und zum letzten Male wieder seine Heimatstadt Frankfurt. Während seines Kuraufenthalts in Wiesbaden begegnete er dem Bankier Johann Jakob von Willemer, in dessen junge Lebensgefährtin er sich verliebte. Marianne von Willemer verehrte den fünfundsechzigjährigen Dichter schwärmerisch und inspirierte ihn zu vielen Gedichten seines *West-östlichen Divans*.
Im Juni 1816 starb Christiane. Wegen anhaltender Intrigen der Schauspielerin Caroline Jagemann legte Goethe 1817 nach achtzehn Jahren die Leitung des Weimarer Theaters nieder. Er zog sich zurück, las Kants *Kritik der Urteilskraft*, Hamann und alle Shakespearedramen. Er befaßte sich mit

indischer und orientalischer Literatur, mit dem Koran und Howards Wolkenlehre. Er korrespondierte viel und arbeitete für seine Zeitschrift *Über Kunst und Altertum*, am *Divan*, der *Italienischen Reise*, der *Campagne in Frankreich*, den *Tag- und Jahresheften*, den *Wanderjahren* und den *Zahmen Xenien*. Zur Erholung besuchte er immer wieder die Bäder in Böhmen. Siebzehnmal war er dort. Im Sommer 1823 bei seinem letzten Besuch in Marienbad verliebte er sich in Ulrike von Levetzow, die er bereits als Vierjährige an der Hand ihrer schönen Mutter gesehen hatte. So ernst war diese letzte Leidenschaft, daß der Herzog sich bei Ulrikes Mutter erkundigte, ob die Neunzehnjährige den inzwischen vierundsiebzigjährigen Dichter nicht heiraten wolle. Die Levetzows verneinten nicht, zogen sich aber nach Karlsbad zurück. Goethe mußte einsehen, daß die Zeit endgültiger Entsagung gekommen war. Der Schmerz darüber ging ein in seine »Marienbader Elegie«.

Goethe begann nun seinen Nachlaß zu ordnen. Er erwirkte sich den Schutz des deutschen Bundes vor Raubdruckern und verkaufte seine Werke als »vollständige Ausgabe letzter Hand« (AlHd) für 60 000 Taler an Cotta. Bei der Bewältigung der umfangreichen Redaktionsarbeit halfen ihm die Sekretäre Göttling, Riemer und Eckermann. Die vierzigbändige Ausgabe letzter Hand war 1831 abgeschlossen. Danach edierte Eckermann zusammen mit Riemer bis 1842 auch noch den zwanzigbändigen Nachlaß. Einen ganz besonderen Dienst erwies Eckermann seinem Idol, indem er seine *Gespräche mit Goethe in den letzten Jahren seines Lebens* aufschrieb und damit den Verehrungsstil der Goethegemeinde prägte.

Um das Gewicht seines Lebenswerkes zu vergrößern, machte sich Goethe an die Vollendung seines *Meister*-Romans und des *Faust*-Dramas. Beide Werke verlangten nach Fortsetzungen, die sich, bedingt durch Goethes hochsymbolischen Altersstil, nun in beträchtlichen Umformungen auswuchsen.

Goethe war wie sein Vater von »lehrhafter Natur« und fühlte sich im Alter zum Weisheitslehrer berufen. Doch statt seine Erfahrungen abstrahierend auf den Punkt zu bringen, beseelte ihn zunehmend ein poetischer Hang zur Mystifizierung. Er meinte, je inkommensurabler, desto besser sei eine Dichtung, und löste die stringenten Formen des Romans und des Dramas auf. Nicht selten verstrickte er sich in inhaltliche Widersprüche, die mit Humor als Selbstironie oder ernster als Ausfluß seines »polaren Denkens« genommen werden. Vergeblich hatte Schiller wie für *Wilhelm Meisters Lehrjahre* auch für den *Faust* gedankliche Luzidität angemahnt.[11] Goethe hielt immer weniger von denkerischer Konsequenz. »Die Errettung Faustens«, meint Richard Friedenthal, »erfolgt durch alt-kirchliche Gnade, einen Begriff der Tradition, den Goethe sehr frei verwendet und an den er für seine eigne Person nicht glaubt. [. . .] Die Errettung Faustens, höchst problematisch, wenn sie ethisch oder religiös gerechtfertigt werden soll, erfolgt durch *poetische* Gnade. Goethes dichterische Gestaltungskraft feiert Triumphe und triumphiert auch über alle Auslegungen.«[12]

Während Goethe sein Lebenswerk beendete, starben Charlotte von Stein, der Herzog Carl August, die Herzogin Louise und Goethes eigener Sohn August.

Am 22. Juli 1831 hatte Goethe mit *Faust, der Tragödie zweiter Teil* sein letztes »Hauptgeschäft zu Stande gebracht«. Er versiegelte das Manuskript und bestimmte, daß es erst nach seinem Tod veröffentlicht werde. Er starb am 22. März 1832. Noch im selben Jahr erschien der zweite Teil des *Faust* als Band 1 der *Nachgelassenen Werke*.

11 [. . .] »weil die Fabel ins Grelle und Formlose geht [. . .], will man nicht bei dem Gegenstand stille stehen, sondern von ihm zu Ideen geleitet werden. Kurz, die Anforderungen an den Faust sind zugleich philosophisch und poetisch, und Sie mögen sich wenden, wie Sie wollen, so wird Ihnen die Natur des Gegenstandes eine philosophische Behandlung auflegen, und die Einbildungskraft wird sich zum Dienst einer Vernunftidee bequemen müssen« (an Goethe, 23. Juni 1797).

12 *Goethe*, S. 702.

III. Lyrik

Goethe hat seit seinem siebten Lebensjahr gedichtet, seine gesammelten Gedichte aber erst mit vierzig Jahren herausgegeben.[1] Seine ersten handschriftlichen Gedichtsammlungen *Annette* (1767) und *Lieder mit Melodien* (1768) standen in der anakreontischen Tradition des frühen 18. Jahrhunderts. Unter dem Einfluß Herders fand Goethe in den »Sesenheimer Liedern« (1770/71) erstmals seinen eigenen Ton,[2] indem er zugleich auch auf deutsche Volkslieder und Volksballaden zurückgriff.[3] Er steigerte seine genialischen Ich-Erfahrungen in den großen Sturm-und-Drang-Hymnen der Jahre 1772–77 durch kühne Sprachgebung, freie Rhythmen und freie Strophik.[4]

Die »Lili-Lieder« (1775/76) und die »Gedichte an Lida« (ab 1775) schlagen empfindsamere Töne an und spiegeln Goethes Wendung von der Begeisterung zur Vergeistigung.[5] Eine eigene Gruppe bildet die 1797 durch Schiller belebte Balladendichtung.[6] Nach seiner Italienreise (1786–88) bevorzugte Goethe antike Versmaße, besonders das Distichon. Die *Römischen Elegien* (1788–90) sind Goethes erster Gedichtzyklus. Als Klassiker beginnt sich Goethe auch für knappere Formen zu interessieren.[7] Der *West-östliche Divan* (1814–20) kennzeichnet den Übergang zu Goethes Alterslyrik mit weltanschaulichen Gedichten und Weisheitssprüchen.[8]

1 Im Jahr 1789 als Band 8 seiner *Schriften* (1787–89).
2 Vgl. »Es schlug mein Herz« (S. 37) und »Maifest« (S. 41).
3 Vgl. »Heidenröslein« (S. 39) und »Der König in Thule« (S. 48).
4 Vgl. »Wandrers Sturmlied« (S. 42), »Ganymed« (S. 48), »An Schwager Kronos« (S. 50) und »Prometheus« (S. 53).
5 Vgl. »Auf dem See« (S. 55), »Wandrers Nachtlied« (S. 56), »Ein Gleiches« (S. 56) und »An den Mond« (S. 60).
6 Vgl. »Der Fischer« (S. 68), »Erlkönig« (S. 70), »Der Sänger« (S. 72), »Der Schatzgräber« (S. 73) und »Der Zauberlehrling« (S. 75).
7 Vgl. *Venezianische Epigramme* und *Xenien*.
8 Vgl. »Grenzen der Menschheit« (S. 66), »Natur und Kunst« (S. 76), »Urworte. Orphisch« (S. 78) und »Vermächtnis«.

Das Gedicht **Es schlug mein Herz**, später **Willkommen und Abschied** benannt,[9] gehört wie das »Maifest« oder »Kleine Blumen, kleine Blätter« zu den »Sesenheimer Liedern«, die Goethe schrieb, als er in Straßburg studierte. Dort traf er nicht nur Johann Gottfried Herder, der ihn sprach- und literaturgeschichtlich wie kunsttheoretisch bildete und sein Interesse für Shakespeare, Ossian und volkstümliche Dichtung förderte, sondern er begegnete im nahegelegenen Sesenheim in der Pfarrerstochter Friederike Brion (1752–1813) seiner ersten großen Liebe.
Aus über vierzigjährigem Abstand berichtet Goethe darüber im elften Buch von *Dichtung und Wahrheit*: »Unter diesen Umgebungen trat unversehens die Lust zu dichten, die ich lange nicht gefühlt hatte, wieder hervor. Ich legte für Friedriken manche Lieder bekannten Melodien unter. [. . .] wenige davon sind übrig geblieben, man wird sie leicht aus meinen übrigen herausfinden.«
Der einundzwanzigjährige Jurastudent härtete sich damals bewußt gegen Lärm, Schwindel, Ekel und Angst im Finstern ab. Er begleitete darum die lauten Stadttrommler, bestieg den Münsterturm, studierte Anatomie und ging nachts auf Kirchhöfe. Als nun der Kliniker seine Studenten mit dem Rat in die Ferien entließ: »Geben Sie Ihrem Körper Bewegung, durchwandern Sie zu Fuß und zu Pferde das schöne Land«; da meinte Goethe »eine Stimme vom Himmel zu hören«. Er warf sich aufs Pferd und preschte los. Aber, schreibt er: »So stark ich auch ritt, überfiel mich doch die Nacht. Der Weg war nicht zu verfehlen, und der Mond beleuchtete mein leidenschaftliches Unternehmen. Die

9 Die ersten zehn Verse liegen in einer vermutlich im Frühjahr 1771 entstandenen Abschrift aus dem Nachlaß Friederike Brions vor. – Die erste Fassung erschien ohne Überschrift März 1775 in der von Friedrich Heinrich Jacoby (1743–1819) herausgegebenen Zeitschrift *Iris* (2. Bd., 3. Stck., S. 244f.). – Die zweite Fassung, betitelt »Willkomm und Abschied«, erschien 1789 in Goethes *Schriften*; in den *Werken* 1810 schließlich mit dem Titel »Willkommen und Abschied«.

Nacht war windig und schauerlich, ich sprengte zu, um nicht bis morgen früh auf ihren [Friederikes] Anblick warten zu müssen.«

Die Bedeutung des Gedichtes geht allerdings weit über diese persönlichen Einzelheiten hinaus. Zwar bediente sich Goethe mit den jambischen Vierhebern in den achtzeiligen Kreuzreimstrophen durchaus noch der zwischen 1700 und 1770 gängigsten Form der Rokokolyrik, doch statt des galant tändelnden Spieles mit anakreontischem Begehren spricht nun ein junges Herz von dem wirklichen, innigen Erlebnis beseligender Liebeserfüllung. Statt der überkommenen mythologischen Staffage begegnen uns echte ossianische Naturgespenster und statt der üblichen, effektvoll aufgesetzten Schlußpointe der stimmig aus dem Erlebnis hervorgehende ekstatische Dankesjubel.

Das war unerhört neu.

Das Gedicht hebt an mit stürmischem Schwung: »Es schlug mein Herz. Geschwind, zu Pferde! / Und fort, wild wie ein Held zur Schlacht.« Diesem furiosen Anfang entspricht der leidenschaftliche Überschwang am Ende. Dazwischen thematisieren je zwei Strophen den »Mut« beim nächtlichen Ritt und die »Freude« der Begegnung im Augenblick des Willkommens und des Abschieds. Das undramatischere Beisammensein selbst bleibt ausgespart.

Die ersten beiden Strophen vermitteln die Fährnisse der Nacht durch anschauliche Beseelung der Natur: der Abend *wiegt* die Erde, die Nacht *hängt* an den Bergen, die Eiche *steht im Nebelkleid* wie ein aufgetürmter Riese, die Finsternis *sieht mit hundert schwarzen Augen* aus dem Gesträuch, der Mond *sieht schläfrig* von einem Wolkenhügel, die Winde *schwingen leise Flügel* und sausen schauerlich, die Nacht *schafft* tausend Ungeheuer.

Der Empfang und der Abschied vollziehen sich in rein visueller Kommunikation durch die Sprache der Augen, der Herzen, der Brust, des Gesichts, des Mundes und durch die

schlichten Gesten des Gehens, Stehens, Sehens und des Weinens. Die einzigen Anrufungen gelten den Göttern.
In der zweiten Fassung hat Goethe die Rollen im Schlußtableau vertauscht. Nicht der »Held« aus dem zweiten Vers (von dem jetzt nicht mehr die Rede ist), sondern das Mädchen senkt nun den Blick und bleibt weinend auf der Szene: »Ich ging, du standst und sahst zur Erden / Und sahst mir nach mit nassem Blick: / Und doch, welch Glück, geliebt zu werden! / Und lieben, Götter, welch ein Glück!«

Auch das volkstümliche Lied vom **Heidenröslein** ist im Sommer 1771 in Straßburg entstanden. Herder, der sich damals mit den »Liedern alter Völker« beschäftigte,[10] hatte die 1602 erschienene Liedersammlung des Paul von der Aelst aufgestöbert. Darin findet sich das Gedicht »Sie gleicht wohl einem Rosenstrauch«, an dessen Motivik, Sprachgebung und Kehrreim Goethes Gedicht anklingt. Der Unterschied zu dem ursprünglichen Volkslied ist, daß der Vergleich zwischen dem Mädchen und der Rose in dem Kunstlied unausgesprochen bleibt.
Herder, der den Begriff ›Volkslied‹ prägte, aber noch nicht eng begrenzte, sondern auch volkstümliche Lyrik bekannter Autoren wie Opitz, Dach, Fleming, Claudius und Goethe darunter aufnahm, veröffentlichte Goethes »Heidenröslein« 1773 in seinem Buch *Von deutscher Art und Kunst* »als ein kindisches Fabelliedchen« und setzte es 1779 unter seine »Volkslieder«. Als Goethe den Text in seine *Schriften* (1787–89) aufnahm, veränderte er den Schluß; der lautete zuvor:
»Das Röslein wehrte sich und stach. / Aber er vergaß darnach / Beim Genuß das Leiden.«

Peter von Matt schreibt über Goethes »Heidenröslein«: »Diese unheimlichen Diminutive. Was ist das für ein zwei-

10 Angeregt durch Thomas Percy's *Reliques of Ancient English Poetry* (1765).

felhaftes und zwielichtiges Gedicht! [...] Was erlebt und erlitten wird, ist Gewalt – und nicht einmal ein Mitleid hinterher. ›Mußt es eben leiden‹, lautet der böse Schluß. [...] Ein Zynismus ist das [...]. Man soll nicht sagen, das sei eben volksliedhaft. Der einzige Text, der als Anregung in Frage kommt, weil er den Refrain wörtlich schon enthält, verbindet gerade mit dieser Zeile kraftvoll und eindeutig das Wort, das die Strophen Goethes sich verbieten:

Liebstu mich, so lieb ich dich,
Röslein auf der Heyden.

[Goethes Lied ...] ist ein schauerlich barbarischer Gesang. Schönheit und Schändung sind darin gepaart, so selbstverständlich, als handelte es sich um ein Weltgesetz. Das steht außerhalb aller Humanität, mag es sich noch so sehr als ein Stück Natur erklären. [...] leiden, brechen, stechen. Nur Weh und Ach [...].«[11]

Tatsächlich ist der dornige Denkzettel, auf den der Vers »daß du ewig denkst an mich« genau in der Mitte des Gedichts verweist, wohl doch volkstümlicher als man annehmen möchte. Man erinnere sich an *Wilhelm Meisters Lehrjahre*: Als Wilhelm Meister seiner Freundin Aurelie verspricht: »kein weibliches Geschöpf soll ein Bekenntnis der Liebe von meinen Lippen vernehmen, dem ich nicht mein ganzes Leben widmen kann!«, da greift Aurelie zu einem Dolch, fährt »mit Spitze und Schneide ihm rasch über die Hand weg« und ruft: »Man muß euch Männer scharf zeichnen, wenn ihr merken sollt!« (IV,20). Auch Serlo wurde beim Studium seiner Rollen von seinem Vater geprügelt, damit er sich den Text fester einpräge. Serlo erklärt dazu: »So gab man ehemals, indem ein Grenzstein gesetzt wurde, den umstehenden Kindern tüchtige Ohrfeigen, und die ältesten

11 Zuerst in der *FAZ*, Rubrik »Frankfurter Anthologie«; Wiederabdruck in: *Johann Wolfgang von Goethe, Verweile doch. 111 Gedichte mit Interpretationen*, hrsg. von Marcel Reich-Ranicki, Frankfurt a. M. und Leipzig 1992, S. 48.

Leute erinnern sich noch genau des Ortes und der Stelle« (IV,18). Jacob Grimms *Deutsche Rechtsaltertümer* bestätigen: »Noch im verfloßnen jahrhundert herrschte in mehrern gegenden Deutschlands die sitte, bei wichtigen anläßen als der legung eines grundsteins, setzung eines grenzsteins, findung eines schatzes und dergleichen, Knaben zuzuziehen und sie unversehens in die ›ohrlappen zu pfetzen‹ oder ihnen ohrfeigen zu stechen, damit sie sich des vorgangs ihr ganzes leben lang erinnern sollten.«

Vor diesem Hintergrund gesehen, schließt der Dornenstich das grundlegende Einverständnis zwischen Rose und Knabe nicht aus, sondern sucht vielmehr der Begegnung beider durch den damit verbundenen Schmerz im Knaben »ewiges Gedenken« zu sichern. Voraussetzung für diese Deutung ist allerdings, daß man das Pronomen ›ihm‹ in dem Vers »half ihm doch kein Weh und Ach« nicht, wie von Matt es tut, auf das Röslein bezieht, sondern, wie es der Schluß der Erstfassung nahelegt, auf den Knaben. Der freilich, »vergaß darnach / Beim Genuß das Leiden«. – So ist es mit Goethes Tiefsinn.

Das im Mai 1771 entstandene **Maifest** oder **Mailied**, wie es 1789 in den *Schriften* heißt, gilt als Höhepunkt der Sesenheimer Lyrik. Es steht motivlich im Zusammenhang mit der Hymne »Ganymed« (vgl. S. 48) und Werthers Brief vom 10. Mai (vgl. S. 123, Anm. 1). Die überschwengliche Frühlingsseligkeit und das jubelnde Liebesglück des »Maifests« gehen so deutlich über die bis dahin übliche anakreontische Behandlung solcher Motive hinaus, daß Max Kommerell[12] ganz grundsätzlich formulieren konnte: »Vor Goethe war Lyrik etwas anderes.« Wegen der Gefühlsunmittelbarkeit bezeichnet man derartige Sturm-und-Drang-Texte gern als ›Erlebnislyrik‹. Der Begriff ist allerdings umstritten, da die

12 Schriftsteller und Literaturwissenschaftler aus dem George-Kreis, 1902–44.

konkreten Erlebnisse, die diesem Text zugrunde liegen mögen, weit weniger faßbar sind als etwa in dem Gedicht »Willkommen und Abschied«. Die ekstatisch aufgerufenen Vorstellungen der Welt, von Sonne, Erde, Luft und der Natur »auf jenen Höhn«, von Feld und Flur bis hin zum Gesträuch, zu Zweig und Blüte sowie die Gefühle Glück, Lust, Wonne, Freude, Liebe und deren Ausdruck in Stimmen, Gesang, Liedern und Tänzen sind jedenfalls sehr allgemein. Das Besondere liegt allein in der Verinnerlichung der Natur, in dem zum »Blütendampfe« gewordenen Quellen und Drängen knospender »Morgenblumen« und Glücksgefühle. Aus diesem gleichbleibenden inneren Drang entspringen die stürmende Dynamik der halbversartigen Kurzzeilen mit ihren Zeilensprüngen und der die Strophengrenzen überspülende Wechsel zwischen Kundgabe- (Ausrufen) und Darstellungsphasen.[13]

Das Gedicht **Wandrers Sturmlied** ist vermutlich im Frühjahr 1772 entstanden. Es gehört mit den Gedichten »Der Wandrer«, »Mahomets-Gesang«, »Ganymed« (S. 48), »An Schwager Kronos« (S. 50), »Prometheus« (S. 53), »Seefahrt« und »Harzreise im Winter« (S. 63) zu den großen (Jugend-)Hymnen, die alle aus den Jahren 1772–77 stammen und als Höhepunkt des Sturm und Drang angesehen werden. Goethe hat diese Gedichte für die Ausgabe seiner

13 Staiger (*Goethe*, Bd. 1, S. 61) veranschaulicht, wie durch die herkömmliche Langzeile

Wie herrlich leuchtet mir die Natur!
Wie glänzt die Sonne! Wie lacht die Flur!

»das ungestüme Entzücken beträchtlich herabgemindert« würde. – Wolfgang Kayser (*Das sprachliche Kunstwerk*, Bern [5]1959, S. 165) verweist im Zusammenhang mit der Spannung zwischen dem äußeren strophischen Aufbau und dem überlagernden Verlauf der inneren Phasenwechsel auf die Probleme der zahlreichen Vertonungen dieses Liedes. Goethe, der nach dem »Mailied« die feste Strophenform vorübergehend aufgab (vgl. die großen Hymnen), bevorzugte später gegenüber den romantisch durchkomponierten Liedern die strophischen Vertonungen.

Schriften 1789 so gründlich überarbeitet, daß heutige Herausgeber sich oft genötigt sehen, zwei Fassungen abzudrukken. »Wandrers Sturmlied« aber widersetzte sich einer Glättung im Sinne der Klassik. Goethe hat es, kaum verändert, erst 1815 in seine *Werke* aufgenommen.

Das Gedicht verbindet das von Goethe damals bevorzugte Motiv des *homo viator*, des Umherschweifenden, des Wanderers auf Erden, mit dem Lebensgefühl des Sturm und Drang in einer von Hamann, Herder, Klopstock und Pindar beeinflußten Sprachgebung.

Goethe, der zur Entstehungszeit des Gedichtes oft zwischen Frankfurt, Darmstadt und Bad Homburg zu Fuß unterwegs war und deswegen von seinen Freunden der Wanderer genannt wurde, schreibt darüber im zwölften Buch von *Dichtung und Wahrheit*: »Ich gewöhnte mich, auf der Straße zu leben, und wie ein Bote zwischen dem Gebirg und dem flachen Lande hin und her zu wandern. [...] Unterwegs sang ich mir seltsame Hymnen und Dithyramben, wovon noch eine, unter dem Titel ›Wanderers Sturmlied‹, übrig ist. Ich sang diesen Halbunsinn leidenschaftlich vor mich hin, da mich ein schreckliches Wetter unterwegs traf, dem ich entgegen gehn mußte.«

Der genierlich-abwertende Ausdruck »Halbunsinn« verstellt die dichtungstheoretischen Probleme des Textes, nämlich den Versuch, mit der Sprachauffassung von Hamann und Herder und dem freien Rhythmus eines Klopstock oder dem vermeintlich freien eines Pindar einen Dithyrambus in deutscher Sprache zu schreiben. Johann Georg Hamann (1730–88) wehrte sich gegen die aufklärerische Begrifflichkeit, indem er auf die schöpferischen Kräfte des Gefühls und des Gemüts verwies, die er in der Sprache walten sah. In seiner *Aesthetica in nuce* (1762) schreibt er: »Poesie ist die Muttersprache des menschlichen Geschlechts. [...] Sinne und Leidenschaften reden und verstehen nichts als Bilder. In Bildern besteht der ganze Schatz menschlicher Erkenntnis und Glückseligkeit. [...] Die Natur würkt durch

Sinne und Leidenschaften. Wer ihre Werkzeuge verstümmelt, wie mag der empfinden?«
Hamanns »Schreibart der Leidenschaft« stellt den Subjektivismus des Genies über den denkenden Kopf.
Daß die »erste Sprache [. . .] eine Sammlung von Elementen der Poesie« gewesen sei, vertrat auch Herder in seiner *Abhandlung über den Ursprung der Sprache* (1770); ebenso die Meinung von der alogischen Sprache des spontanen Gefühls.
Selbst wenn Goethe später in *Dichtung und Wahrheit* wegen der Unverständlichkeit von Hamanns dunkelverhülltem sibyllinischen Stil abrückte, folgte er doch damals gern dem »Magus aus dem Norden«, wie der aus Königsberg stammende Hamann genannt wurde, und dessen Schüler Herder.
Wenn aber zugunsten genialischer Gefühle schon die grammatischen Regeln aufgehoben werden sollten, wieviel mehr die Regeln der Metrik. Klopstock hatte in seiner »Frühlingsfeier« bereits (1759) gezeigt, daß die Lyrik keines festgelegten Metrums bedarf. Jetzt las Goethe Pindar, den griechischen Chorlyriker des 5. Jahrhunderts v. Chr., dessen Gedichte zu Ehren der panhellenischen Spiele zwar nach strengen, aber so kompliziert wechselnden metrischen Regeln gebaut waren, daß man im 18. Jahrhundert noch glaubte, freie Rhythmen zu hören. »Können wir Dithyramben machen, griechische Dithyramben im Deutschen machen?« fragte Herder. Vor diesem theoretischen Hintergrund und aus wirklichem Erleben versuchte Goethe mit seinem Sturmlied eine Antwort zu geben.
Zur Verdeutlichung des Zusammenhangs sei der »Halbunsinn« mit allem Vorbehalt gegenüber mehrdeutigen Bezügen paraphrasiert:
(Vier anaphorische Anrufungen des Genius:)
Wen du nicht verläßt, Genius[14], dem hauchen weder Regen

14 Das lat. Wort *genius* konkurrierte im 18. Jh. mit dem frz. *génie*, das oft mit ›Geist‹ übersetzt wurde. – »Genie ist das Talent (Naturgabe),

noch Sturm Schauer übers Herz; der wird wie die Lerche da oben dem Unwetter entgegensingen.
Wen du nicht verläßt, den wirst du mit Feuerflügeln über den Schlammpfad heben; der wird mit Blumenfüßen über den Schlamm der griechischen Sintflut[15] wandeln, Drachen[16] tötend, leicht und groß wie Apoll[17].
Wen du nicht verläßt, dem wirst du die wollnen Flügel unterspreiten, wenn er auf Felsen schläft; den wirst du in der Dunkelheit des Waldes unter die Fittiche nehmen.
Wen du nicht verläßt, den wirst du im Schneegestöber wärmen, und die Wärme lockt die Musen an und die Grazien[18].
(Zwei Anrufungen der Musen, mit Epiphern:)
Umschwebt mich Musen und Grazien! Das ist Wasser, das Erde und das Schlamm, über den ich wandle, göttergleich.
Ihr Musen und Grazien seid rein wie Quellwasser und Erde; Ihr umschwebt mich und ich schwebe dank Euch über der unwirtlichen Erde, göttergleich.
(Rhetorische Frage: Geist oder Weingeist?)
Soll der kleine amusische, aber wetterharte Bauer, der nur

welches der Kunst die Regel gibt. Da das Talent, als angeborenes produktives Vermögen des Künstlers, selbst zur Natur gehört, so könnte man sich auch so ausdrücken: Genie ist die angeborene Gemütslage (*ingenium*), durch welche die Natur der Kunst die Regel gibt« (Kant, *Kritik der Urteilskraft*, 1790, § 46).

15 Als Zeus die Menschen durch eine Sintflut vernichten wollte, baute Deukalion, der Sohn des Prometheus, eine Arche, in der er mit seiner Gattin Pyrrha überlebte.

16 Python, ein Drache, der das Orakel seiner Mutter Gaia in Delphi bewachte, bis Apollo ihn erschlug.

17 Pythius Apollo, der nach dem Sieg über Python als Drachentöter benannte Gott.

18 Chariten, Charitinnen, drei Töchter des Zeus und der Eurynome: Aglaia (Glanz), Euphrosyne (Frohsinn) und Thaleia (Blüte). Sie treten im Gefolge der Aphrodite, des Hermes und des Apollon auf und bringen Göttern und Menschen Anmut, Schönheit und Festfreude. Sie stehen den Horen und Nymphen nahe und entsprechen den römischen Grazien. Pindar preist die Chariten in seiner 14. Olympischen Ode.

ein Herdfeuer und Alkohol[19] erwartet, mutiger sein als ich, den Ihr Musen begleitet und den alles erwartet, was Ihr verherrlicht habt?
Weingeist, du bist der Geist des Jahrhunderts, bist das, was für Pindar inneres Feuer war, was den Leuten die Sonne[20] ist.
(Sonne und Regen in Selbstanrede und Rede an den Regengott:)
Wehe, innere Wärme, glühe der Sonne kongenial entgegen, damit ihr wohltuender Strahl nicht an dir vorbei auf die dann zu beneidende Zeder fällt, die auch ohne Sonne grünt.
Regengott[21], warum nennt mein von Dir ausgelöstes und gespeistes und in Dir endendes Lied Dich zuletzt? Dich strömt mein Gesang und rinnt abseits von Dir wie der idyllische Nebenbach[22] eines glücklichen Menschen, den Du erfaßt und eindeckst.
(Die »Sturmatmende Gottheit« und die Dichter:)
Nicht den tändelnden Anakreon[23] am Ulmenbaum, nicht den freundlichen Theokrit[24] im Pappelwald am Strand bei Sybaris[25] hast Du, Sturmgott, ergriffen, sondern Pindar beim Wagenrennen, wenn seine Seele für Mut und Gefahr glühte. – [Pindar] Glühte – [Aber ich] Armes Herz.
Himmlische Macht, bitte nur soviel von diesem inneren Feuer eines Pindar, um zu meiner Hütte dort zu waten!

19 Bromios, von griech. *bromos* ›Lärm‹, Beiname des Weingottes Dionysos.
20 Phoibos Apollon, Phöb(us) Apoll(o), Sohn des Zeus und der Leto. Seit dem 6. Jh. v. Chr. als Sonnengott (Helios) verehrt, auch Gott der Künste und Führer der Musen (Musagetes).
21 Jupiter Pluvius; Jupiter ist der lateinische Name des griechischen Zeus; lat. *pluvius* ›zum Regen gehörig‹.
22 Castalischer Quell, Quelle am Fuße des Parnassus, wo sich die Musen gern aufhalten.
23 Griechischer Dichter des 6. Jh. v. Chr., besang Wein und Liebe.
24 Griechischer Idyllendichter aus Syrakus, 3. Jh. v. Chr.
25 Griechische Stadt in Italien, 700 v. Chr. gegründet; ihre Bewohner, die Sybariten, galten im Altertum sprichwörtlich als Schlemmer.

Goethe um 1773
Stich von Gottfried Saiter
nach einem Ölgemälde von Daniel Bager

Das Gedicht **Der König in Thule** ist im Juli 1774 entstanden. In seiner Erstfassung wird es bereits im *Urfaust* von Gretchen gesungen (Abend, V. 611ff.).
Das bei Vergil und Tacitus erwähnte *Thule* ist eine sagenhafte Insel im hohen Norden des Atlantischen Meeres, die als äußerster Punkt der bekannten Erde galt.[26] Nach Ptolemäus handelt es sich um die Shetlandinseln. – Der oder die *Buhle* war ein Geliebter oder eine Geliebte. Das Wort hatte im Volkslied damals noch nicht den bürgerlich-tadelnden Nebensinn. – *Die Augen gingen ihm über*: in Anlehnung an Luthers Übersetzung von Joh. 11,35 *Et lacrimatus est Jesus.* Rhythmisch formal übereinstimmend dazu: *Die Augen täten ihm sinken*: die Augen brachen ihm im Tode. Die umgangssprachliche Umschreibung: *taten* ... in der älteren Form *täten.*[27]
Das ewige Gedenken, welches das »Heidenröslein« so nachdrücklich fordert, wird hier auf sagenhafte Weise verwirklicht: Angesichts der Ewigkeit gilt dem ritterlichen, trinkfesten und treuen König sein ganzes Reich nichts im Vergleich zu dem Becher, den er aus der Hand seiner sterbenden Geliebten empfangen und aus dem er ihr seither den Minnetrunk beständig zugebracht hat. In einer symbolisch-sakramentalen Geste nimmt »der alte Zecher« diesen zu einem weltlichen Gral erhobenen »heiligen Becher« mit in den Tod. Dieses Hohe Lied der Treue eines Mannes zu seiner Geliebten geht Gretchen am Vorabend ihres Liebesabenteuers mit Faust durch den Kopf.

Ganymed. Die Hymne ist wahrscheinlich im Frühjahr 1774 entstanden und wurde erstmals 1789 in den *Schriften* gedruckt. Ganymed ist eine Figur der griechischen Mythologie. Ganymedes, der Sohn des Tros, König von Ilion, und

26 Vgl. Vergil *Georgica 1,30*: ultima Thule, »äußerste Thule«.
27 Vgl. in der Erstfassung die analogen Formen »Ein' goldnen Becher er hätt« (I,2) und »Den Becher hätt er lieber« (II,1).

der Nymphe Kallirhoe, Tochter des Skamandros, war »der schönste [. . .] von allen sterblichen Menschen« (Homer). Er wurde darum von Zeus geraubt und zum Mundschenk der olympischen Göttertafel gemacht. Sein Raub war seit der Antike ein beliebtes Motiv der bildenden Künste.

Bei Goethe ist Ganymed wie das lyrische Ich des »Maifests«, besser noch wie der Held des *Werther*-Romans,[28] ein Gefühlsheros, der die frühlinghafte Natur als ganz persönliche Zuneigung empfindet und darauf mit überschwenglicher Sehnsucht antwortet: »Wie im Morgenrot / Du rings mich anglühst, / Frühling, Geliebter! / [. . .] / Daß ich dich fassen möcht' / In diesen Arm!« – Der den Aszensus der Seele anstrebenden »sehnenden Liebe« Ganymeds neigen sich abwärts schwebend Wolken, um ihn an den Busen des »alliebenden Vaters« zu führen zu einer *unio mystica*, die sich »umfangend umfangen«, d. h. in aktiver und passiver Umarmung vollzieht. Ganymeds Gefühl der Überwältigung teilt sich in der Übersteigerung »tausendfach«, »ewig«, »heilig«, »unendlich« und der Kernworthäufung »Geliebter«, »Liebeswonne«, »lieblich«, »liebend«, »Liebe«, »alliebend« mit.

Wie in der Hymne des Prometheus (vgl. S. 53) hat Goethe auch hier den antiken Zeus christlichen Vorstellungen angeglichen. Doch statt der entschiedenen prometheischen »Verselbstigung« hören wir diesmal den frommen Gesang hingebungsvoller »Entselbstung«. Der Widerspruch zwischen den Versen: »Daß ich dich fassen möcht'« und: »Ach, an deinem Busen / Lieg' ich, schmachte« ist als Oxymoron zu verstehen.[29] Der zunächst unüberwindlich scheinende Abstand wird schließlich durch Ganymeds titanischen Gefühlsheroismus überwunden. Dieser nämlich macht den

28 Vgl. Werthers Brief vom 10. Mai (S. 123, Anm. 1) und die Rückerinnerung an diese Frühlingstrunkenheit im Brief vom 18. August.

29 Das Oxymoron (von griech. *oxys* ›scharf‹ und *moros* ›dumm‹) ist eine Verbindung zweier einander scheinbar widersprechender Begriffe zu einer komplexen additiven Einheit, z. B. ›helldunkel‹, ›beredtes Schweigen‹.

Liebenden dem Geliebten ebenbürtig und beschwört eben jene Korrespondenz zwischen Schöpfer und Geschöpf, welche die mystische Entrückung ermöglicht.[30] –
Goethe hat den Prometheus später nie ohne den Gegengesang des Ganymed zum Druck gegeben. Auf das homoerotische Moment des Ganymed-Mythos kommt er erst 1790 in dem *Venezianischen Epigramm* Nr. 38 zu sprechen, wo er einer kleinen Gauklerin rät: »Kehre nicht, liebliches Kind, die Beinchen hinauf zu dem Himmel; / Jupiter sieht dich, der Schalk, und Ganymed ist besorgt.«

An Schwager Kronos. *Schwager*, ursprünglich der durch Heirat verwandte Mann; dann im verblaßten Sinne einer vertraulichen Anrede wie ›Bruder‹ oder ›Gevatter‹; schließlich seit dem 18. Jahrhundert der ›Kutscher‹; wie im Volkslied: »Hoch auf dem gelben Wagen / sitz' ich beim Schwager vorn.« – *Kronos*, in der griechischen Mythologie der jüngste Sohn des Himmels (Uranos) und der Erde (Gaia), ist eigentlich einer der zwölf Titanen.[31] Der Klang des Na-

30 Vgl. Goethe in den *Zahmen Xenien* III: »Wär nicht das Auge sonnenhaft, / Die Sonne könnt' es nie erblicken; / Läg' nicht in uns des Gottes eigne Kraft, / Wie könnt' uns Göttliches entzücken?« – Der Barocklyriker Angelus Silesius (d. i. Johann Scheffler, 1624–77) hat in seinem *Cherubinischen Wandersmann* das Wechselverhältnis zwischen Gott und religiösem Ich wiederholt ausgedrückt: »Ich bin so groß wie Gott, er ist als ich so klein; / Er kann nicht über mich, ich unter ihm nicht sein.« »Gott ist so viel an mir, als mir an ihm gelegen; / Sein Wesen helf ich ihm, wie er das meine hegen.« »Ich weiß daß ohne mich Gott nicht ein Nu kan leben, / Werd' ich zu nicht Er muß von Noth den Geist auffgeben.«

31 Von Gaia darum gebeten, entmannt Kronos seinen Vater Uranos und übernimmt die Weltherrschaft. Um selber einem ähnlichen Schicksal zu entgehen, verschlingt er seine Kinder Hestia, Demeter, Hera, Hades und Poseidon gleich nach deren Geburt. Nur Zeus, den seine Mutter Rheia in einer kretischen Höhle versteckt, entkommt. Als Zeus erwachsen ist, zwingt er Kronos, seine Kinder wieder herauszuwürgen und auf die Weltherrschaft zu verzichten. Kronos wird mit seinen Geschwistern, den Titanen, in den Tartaros gestürzt. Später wird er begnadigt und zum Herrscher über die Inseln der Seligen gemacht.

mens legte es nahe, den griechischen Göttervater mit dem Zeitgott *Chronos* gleichzusetzen oder zu verwechseln.[32]
Der später gestrichene Untertitel »In der Postchaise den 10. Oktober 1774« erinnert an den lebensgeschichtlichen Zusammenhang: Der damals gerade 25 Jahre alte, durch sein Drama *Götz von Berlichingen* bekannt gewordene Dichter hatte eben seinen *Werther*-Roman beendet, als er den ehrenden Besuch Klopstocks im Haus seiner Eltern empfing.[33]
Nachdem er den von Hamburg nach Karlsruhe reisenden fünfzigjährigen Dichterfürsten ein Stück begleitet hatte, kehrte Goethe am 10. Oktober von Darmstadt nach Frankfurt zurück. Im jugendlichen Hochgefühl seines frühen Erfolges fordert der Stürmer und Dränger ein schwungvoll-hinreißendes Leben mit triumphaler Höllenfahrt am Ende. Die kurze Fahrt in der Postchaise gab ihm den Kanevas für das dichterische Bild der vorweggenommenen Lebensreise.
Die in freier Strophik, freien Rhythmen und freier Syntax abgefaßte Hymne ist unmittelbare Ausdruckskunst[34] der sinnlichen Geniesprache. So hören wir nicht von dem we-

32 Staiger spricht von einer Verwechslung, Conrady von einer Gleichsetzung. Vgl. auch die »allmächtige Zeit [Chronos] / Und das ewige Schicksal [Moira]« in der Hymne des Prometheus (V,7f.).

33 Klopstock weilte vom 27. bis 29. September 1774 bei Goethe im Hirschgraben; »ein Ereignis, über das sogar die Presse meinte berichten zu müssen« (Conrady, *Goethe*, Bd. 1, S. 241). – Zum Michaelisfest, am 29. 9., erschien der *Werther* bei Weygand in Leipzig. In diesem Roman machte Goethe Klopstocks Namen durch einen Verweis auf seine Ode »Die Frühlingsfeier« zur Losung der Liebenden (Ende des Briefes vom 1. Junius).

34 Vgl. Gottfried Benn: »Wir finden bei *Goethe* zahlreiche Partien, die rein expressionistisch sind, zum Beispiel Verse jener berühmten Art: ›entzahnte Kiefer schnattern und das schlotternde Gebein, Trunkener vom letzten Strahl‹ und so weiter, hier ist eine inhaltliche Beziehung zwischen den einzelnen Versen überhaupt nicht mehr da, sondern nur noch eine ausdruckshafte; nicht ein Thema wird geschlossen vorgeführt, sondern innere Erregungen, magische Verbindungszwänge rein transzendenter Art stellen den Zusammenhang her« (*Gesammelte Werke*, Bd. 1, Wiesbaden 1965, S. 243f.).

gen »Stock, Wurzeln und Steinen holprigen Trott«, sondern stolpern gleichsam selber »frisch den holpernden / Stock Wurzeln Steine den Trott / Rasch in's Leben hinein« (I,6–8).

»Der eigene Pulsschlag und die eigene Atemfrequenz und die Fortbewegungsart persönlich machen die Musik«, kommentiert Peter Rühmkorf und urteilt: »Die Revolutionierung der deutschen Lyrik, die mit solchen Fahrtstenogrammen ihren Ausgang nahm, kann gar nicht dramatisch genug geschildert werden.«[35]

Eine dichte Folge von Imperativen treibt zur Eile: »Spude dich [...]! Fort [...]! Frisch [...]! Rasch [...]! Auf denn, nicht träge denn!« – Nur auf dem Scheitelpunkt der Reise ein kurzes Verweilen mit drei aufeinander folgenden Hebungen: »Wéit hóch hérrlich der Blick«. Dann aber »frischer hinab!« Das Greisenalter im Nebelduft des Moores, das Schnattern der entzahnten Kiefer und das Schlockern der Gebeine werden geflissentlich übersprungen: »Reiß mich [...] / In der Hölle nächtliches Tor!« befiehlt das lebenstrunkene Genie, um bei seinem lärmenden Einzug in den Orkus von den Gewaltigen als Fürst und ihresgleichen anerkannt zu werden.

Fünfzehn Jahre später war dem Geheimbden Rat und Minister der frühe Ausdruck eines derart übersteigerten Selbstbewußtseins peinlich. Als er die Hymne in seine *Schriften* aufnahm, glättete er die Syntax: »Frisch, holpert es gleich, / Über Stock und Steine den Trott.« Er ersetzte das mundartliche *Haudern*[36] durch ›Zaudern‹, *schlockern* durch ›schlottern‹ usw. Vor allem aber verspießerte er den großartigen Schluß zu dem harmlosen Wunsch: »Daß der Orkus vernehme: wir kommen, / Daß gleich an der Türe / Der Wirt uns freundlich empfange.«

35 *Mein Goethe*, Frankfurt a. M. 1982, S. 63 und S. 64.
36 *haudern:* (rhein., fränk.) ›in einem Mietwagen fahren‹; übertr. ›langsam fahren, langsam vorankommen‹.

Prometheus. Wie bei »Ganymed« kennzeichnet der Titel die Hymne als Rollentext einer mythologischen Figur: Prometheus, der Vorausdenkende, kämpfte mit List gegen autoritäre Gewalt und brachte den Menschen das Feuer zurück, das ihnen Zeus strafend vorenthielt. Zeus ließ Prometheus dafür an einen Felsen schmieden, wo ihm ein Adler die Leber zerhackte, die nachts immer wieder nachwuchs. Prometheus galt auch als Schöpfer des Menschengeschlechts, das er zu Handwerk, Künsten und Kultur befähigte.

In Goethes Hymne ist Prometheus ein zu Selbstbewußtsein gekommenes Individuum, das sich trotzig gegen althergebrachte ungerechtfertigte Autorität auflehnt. Das Gedicht beginnt mit schmähenden Imperativen gegen die Gottheit und endet mit der Entgegensetzung des zum Maßstab erhobenen eigenen Schöpfer-Ichs. Das paßte gut zum Sturm und Drang, als dessen kühner Ausdruck der Text oft genommen wurde. Bei näherer Betrachtung bleibt allerdings eine Reihe offener Fragen:

- Warum muß der Beherrscher des Himmels und der Erde die Hütte des Prometheus stehen lassen?
- Warum beneidet er Prometheus um dessen Herdfeuer?
- Die Majestät der Götter bedurfte nach Homer keineswegs der menschlichen Opfer und Gebete.
- Wer sind überhaupt die »hoffnungsvollen Toren«, wenn die erst entstehenden Geschöpfe des Prometheus doch ebenbildliche Gottesverächter sein sollen?
- Wer beseelt die Geschöpfe des Prometheus? Das konnten im Mythos nur Athene oder Minerva.
- Goethes Prometheus erscheint in dem Dramenfragment als Sohn des Zeus und erwartet von diesem ausgesprochen neutestamentliche Qualitäten: ein den Klagen geneigtes Ohr, ein sich erbarmendes Herz; dazu die Bereitschaft, Schmerzen zu lindern und Tränen zu stillen.
- Schließlich verwickelt sich Prometheus in einen Selbstwiderspruch, indem er nach der langen Apostrophe sagt, er

achte *sein* (des Zeus) nicht, das heißt soviel wie er *beachte* ihn nicht, während er eigentlich doch nur noch sagen dürfte, daß er *ihn* nicht *achte* oder ehre; denn da liegt ein Bedeutungsunterschied zwischen dem Genitiv *sein*, *dein(er)* und dem Akkusativ *ihn*, *dich*.

Weitere Fragen wirft die Entstehungsgeschichte auf: Die vermutlich im Herbst 1774 entstandene Hymne steht im Zusammenhang mit dem dramatischen Fragment *Prometheus* von 1773, über das Goethe im 15. Buch von *Dichtung und Wahrheit* mitteilt: »Das alte Titanengewand schnitt ich mir nach meinem Wuchse zu, und fing, ohne weiter nachgedacht zu haben, ein Stück zu schreiben an [. . .].« Obgleich die Hymne, die den dritten Akt eröffnen sollte, Verse des Dramentextes wiederholt, gibt es doch so schwerwiegende Unterschiede zwischen der Dramenfigur und dem lyrischen Ich, daß Conrady meint, der Text stehe da »mit Sicherheit nicht am richtigen Platz.«[37]

Merkwürdig waren auch Veröffentlichung und Aufnahme des Gedichtes: Der zeitgenössischen Jugend blieb dieses Glanzstück des Sturm und Drang unbekannt. Erst mit sechzehn Jahren Verzug erschien der von Goethe »selbst aufgegebene und vergessene Prometheus« im Druck und wurde »zum Zündkraut einer Explosion [. . .]«. Goethe schrieb am 11. Mai 1820 an Zelter: »Lasset ja das Manuscript nicht zu offenbar werden, damit es nicht im Druck erscheine. Es käme unserer revolutionären Jugend als Evangelium recht willkommen [. . .].«

Um den Rollencharakter des Textes zu betonen, hat Goethe die Hymne des Prometheus nie ohne die Hymne des Ganymed veröffentlicht. In *Dichtung und Wahrheit*, wo Goethe über die Herausbildung seiner Religion spricht, erklärt er, daß ihm »die ganze Schöpfung nichts ist und nichts war, als ein Abfallen und Zurückkehren zum Ursprünglichen [und . . .] daß wir, indem wir von einer Seite uns zu verselbstigen

37 *Goethe*, Bd. 1, S. 206.

genötiget sind, von der andern in regelmäßigen Pulsen uns zu entselbsten nicht versäumen«. Später benutzte Goethe hierfür die Begriffe *Systole* und *Diastole*.[38] Im übrigen meinte er den Prometheus betreffend: »Ob man nun wohl, wie auch geschehn, bei diesem Gegenstande philosophische, ja religiöse Betrachtungen anstellen kann, so gehört er doch ganz eigentlich der Poesie« (*DuW*, 15. Buch). Das ließen und lassen Generationen von Interpreten nicht gelten.

Das Gedicht **Auf dem See** gehört zu den sogenannten Lili-Liedern.

Im April 1775 hatte sich Goethe mit Lili Schönemann (1758–1817), der sechzehnjährigen Tochter einer großbürgerlichen Frankfurter Bankiersfamilie, verlobt. Sozioökonomische und konfessionelle Unterschiede zwischen den Elternhäusern mehrten seine eigenen Zweifel an diesem Schritt. Um Abstand von dem faszinierenden Dunstkreis um »diese Staatsdame« (so Goethes Vater über Lili) zu gewinnen, reiste Goethe im Mai desselben Jahres mit den Grafen Friedrich Leopold und Christian Stolberg und Graf Haugwitz in die Schweiz. Aus der Spannung zwischen akuter Bindungsangst und ausgelebtem Sturm und Drang entstand das Gedicht »Auf dem See«. Die Kahnfahrt mit seinem Freund Passavant nennt Goethe später in *Dichtung und Wahrheit* einen glücklichen Moment.

Das Gedicht besteht aus zwanzig Versen mit unterschiedlichem Rhythmus, die in der endgültigen Fassung symmetrisch zu drei in sich regelmäßigen Strophen von je 8, 4 und 8 Versen gegliedert sind.

38 Vgl. Goethe im *Entwurf einer Farbenlehre*, 5. Abt., 739: »Das Geeinte zu entzweien, das Entzweite zu einigen, ist das Leben der Natur; dies ist die ewige Systole und Diastole, die ewige Synkrisis und Diakrisis, das Ein- und Ausatmen der Welt, in der wir leben, weben und sind.« Medizinisch: Zusammenziehung und Ausdehnung des Herzmuskels, der so im rhythmischen Wechsel die unterschiedlichen Herztöne erzeugt.

Die erste, jambische Strophe beginnt in der Erstfassung mit dem merkwürdigen Bild: »Ich saug' an meiner Nabelschnur / Nun Nahrung aus der Welt.«

Das in gleichsam embryonischer Regression auf sich selbst bezogene lyrische Ich empfängt »nun« (in der endgültigen Fassung finden sich in diesem Zusammenhang die Adjektive »frisch«, »neu«, »frei«) Nahrung aus der Welt, d. h. von einer (holden, guten) Natur, die es am Busen hält, auf Wellen wiegt und ihm in ihrer imposanten Gestalt der Gebirge entgegenkommt, ähnlich wie zuvor der »alliebende Vater« sich Ganymed abwärts zuneigte (vgl. S. 49).

Die zweite, trochäische Strophe spricht von einer inneren Anfechtung durch goldene Träume aus der Vergangenheit, welche den Blick in die freie Gegenwart trübt. Diese Anfechtung wird mit dem Hinweis auf die gegenwärtige Alternative von »Lieb und Leben« verbannt.

Die dritte Strophe ist ebenfalls trochäisch, enthält aber vier eingestreute Daktylen. Sie malt das Bild der Gegenwart nun objektiver: die Wellen, die Bucht, den See, den Morgenwind, die weichen Nebel, die Ferne und die Sterne. Die regelmäßig eingestreuten Daktylen bringen die Kernwörter: »schwebend«, »türmend«, »beschattet«, »reifend«. Diese lassen sich in Bezug zu dem letzten Wort lesen, zu der symbolischen Frucht, die, indem sie sich selbst bespiegelt, auf den Narzißmus der ersten Verse zurückverweist.

Wandrers Nachtlied / Ein Gleiches. Diese beiden Gedichte wollte Goethe stets zusammen abgedruckt wissen. Daher trägt das zweite Abendlied, das nach Umfragen Goethes bekanntestes Gedicht ist, die sachliche Überschrift »Ein Gleiches«; gemeint ist: ein gleiches Lied. Das Wort ›Nacht‹ benutzte Goethe auch für ›Abend‹. ›balde‹ ist die aus dem Mittelhochdeutschen überkommene vollere Form des Adverbs ›bald‹.

Die Handschrift des ersten Gedichts, die sich zwischen den

Briefen an Frau von Stein fand, trägt den Vermerk »Am Hang des Ettersberg, d. 12. Febr. 76«.
Das zweite Gedicht hat Goethe am Abend des 6. September 1780 mit Bleistift an die Bretterwand der zweistöckigen Jagdhütte auf dem Gickelhahn bei Ilmenau geschrieben. Drucken lassen hat er es erst 1815 in seiner Werkausgabe bei Cotta.
Die Titel der Gedichte beziehen sich wieder auf das Motiv des *homo viator*, des umherschweifenden Wanderers, das Goethe so häufig gestaltet hat.[39] Da Goethe selber viel gewandert ist[40] und von seinen Freunden, wie er schreibt, »der Wanderer« genannt wurde, darf das Bild vom Wanderer hier sowohl wörtlich wie auch im übertragenen Sinne verstanden werden.
Das erste Gedicht ist eine einzige Periode. Die mit einer Apposition beginnende lange Anrede erhält ihre Spannung durch den Einschub der beiden kurzen Aussage- und Fragesätze und dadurch, daß das angesprochene Subjekt *süßer Friede* erst in dem vorletzten Kurzvers benannt wird. Der resignative Einschub und der letzte Vers mit seiner Wiederholung *Komm, ach komm* gibt dem Ganzen den Charakter eines Gebets.
Auf diese Bitte um Frieden folgt in dem zweiten Abendlied eine von oben nach unten herabsteigende Bildsequenz der zur Ruhe gekommenen Natur (Gipfel, Wipfel, Vögel, Mensch) und die Einsicht, daß die ersehnte Ruhe im Menschenherzen letztendlich mit dem Tod zusammenfällt, der über ein kleines gewiß ist. Das Ganze entspricht Goethes Vorstellung vom Symbol: »Alles, was geschieht, ist Symbol,

39 Vgl. »Wandrers Sturmlied« (1772, S. 42), das lange Gedicht »Der Wandrer« (1772), im *Werther* (1774), wo der Held das ganze Leben als Wallfahrt empfindet, den Brief: »Am 16. Junius. Ja wohl bin ich nur ein Wandrer, ein Waller auf der Erde! Seid ihr denn mehr?«; und den Roman *Wilhelm Meisters Wanderjahre*, der in der Erstfassung von 1821 mit der sechszeiligen Stanze »Wandersegen« als Einleitungsgedicht beginnt.
40 Nach Darmstadt, an den Rhein und jetzt durch den Thüringer Wald.

und, indem es vollkommen sich selbst darstellt, deutet es auf das Übrige. In dieser Betrachtung scheint mir die höchste Anmaßung und die höchste Bescheidenheit zu liegen« (an K. E. Schubarth, 2. April 1818).
Den quietistischen Schlüsselwörtern *süßer Friede* und *Ruh* steht das Spannungsverhältnis von Leid, Schmerz, Elend[41] einerseits und andererseits Erquickung und Lust gegenüber. Gerade nach dieser Spannung zwischen Schmerz und Erquickung verlangt auch der lebensdurstige Faust in der Paktszene.[42] Und gerade das umfassende Wohl und Weh, das Faust von Mephisto verlangt, gewähren, wie Goethe schrieb,[43] die Götter ihren Lieblingen: »Alles geben die Götter, die unendlichen, / Ihren Lieblingen ganz, / Alle Freuden, die unendlichen, / Alle Schmerzen, die unendlichen, ganz.«
Viele Interpreten haben über die Ursache für den Seufzer *Ach, ich bin des Treibens müde* und die resignative rhetorische Sinnfrage *Was soll all der Schmerz und Lust?* gerätselt.
Der Lyriker Karl Krolow bringt das erste Nachtlied auf den kurzen Nenner: »Hier hatte jemand genug und sagt es.«
Der Soziologe Theodor W. Adorno, der in der rückhaltlosen Individuation eines gelungenen lyrischen Gebildes das Allgemeine erkennt, schreibt zu dem zweiten Nachtlied:

41 Das Wort ›Elend‹ hängt mit dem Kernmotiv des Wanderers zusammen, denn ahd. *elilenti*, mhd. *ellende*, bedeutet ursprünglich ›Wohnen im Ausland, in der Fremde‹.

42 »Mein Busen, der vom Wissensdrang geheilt ist, / Soll keinen Schmerzen künftig sich verschließen, / Und was der ganzen Menschheit zugeteilt ist, / Will ich in meinem innern Selbst genießen, / Mit meinem Geist das Höchst' und Tiefste greifen, / Ihr Wohl und Weh auf meinen Busen häufen, / Und so mein eigen Selbst zu ihrem Selbst erweitern, / Und, wie sie selbst, am End' auch ich zerscheitern« (V. 1768 bis 1775).

43 Am 17. Juli 1777 an Auguste Luise Gräfin zu Stolberg (1753–1835), Schwester der Grafen Christian und Leopold zu Stolberg (vgl. S. 25 und S. 55), eine Stiftsdame in Holstein, die 1775 mit dem Dichter des *Werther* in einen empfindsamen Briefwechsel getreten und seine vertraute Brieffreundin geworden war.

hier werde mit erhabener bürgerlicher Ironie das lyrische Ich seiner Nichtigkeit inne. »Dem ›Warte nur balde‹ wird mit dem rätselhaften Lächeln von Trauer das ganze Leben zum kurzen Augenblick vor dem Einschlafen. Der Ton des Friedens bezeugt, daß Frieden nicht gelang, ohne daß doch der Traum zerbräche.«[44]

Der Psychologe Kurt R. Eissler erläutert: »Das ›Ruhelied‹, glaube ich, hätte von jedem geschrieben werden können, der die deutsche Sprache einigermaßen beherrscht und stark von der Natur beeindruckt war.« Er rekonstruiert den mutmaßlichen Augenblick der Niederschrift der Verse und zitiert dazu aus einem Brief, den Goethe um dieselbe Zeit an Frau von Stein geschrieben hat: »Die Sonne ist unter. Es ist eben die Gegend von der ich Ihnen die aufsteigenden Nebels zeichnete iezt ist sie so rein und ruhig, und so uninteressant als eine grose schöne Seele wenn sie sich am wohlsten befindet.« Eissler greift die merkwürdige Charakterisierung »so rein und ruhig, und so uninteressant als eine grose schöne Seele wenn sie sich am wohlsten befindet« auf und erläutert. Das Nachtlied verweise auf die Spannung zwischen der Überich-Repräsentanz durch die schöne Seele (Frau von Stein) und der Dämonie einer verführerischen Sirene (Marquesa Branconi).

Die Begegnung mit der Marquesa, die »als die schönste Frau Deutschlands angesehen« wurde, habe wahrscheinlich in Goethe den Todeswunsch gegen Charlotte von Stein aktiviert. »Seine Bemerkung über die Bedingung, unter der eine schöne Seele nicht mehr anziehend ist, könnte auch der Abkömmling eines unbewußten Gedankens gewesen sein: ›Ich habe genug von schönen Seelen, schöne Frauen sind mir lieber.‹«

Eissler vertritt also die Ansicht, »daß dieses Gedicht nicht

44 Theodor W. Adorno, »Rede über Lyrik und Gesellschaft«. Ursprünglich ein Vortrag für RIAS Berlin. Mehrfach umgearbeitet. Zuerst in: *Akzente*, 1957, Heft 5. Wiederabdruck in: *Noten zur Literatur I*, Frankfurt a. M. 1969, S. 73–103. (Dort zuerst 1958.)

für Charlotte von Stein geschrieben wurde. Die Triebkraft, dieses Gedicht zu schreiben, war aus dem intensiven Verlangen hervorgegangen, sich dem Zauber einer verführerischen Frau hinzugeben. Das habe zu dem Wunsch geführt, jene Frau, die das unmöglich machte und fast seine ganze Existenz beherrschte, möge sterben.«[45]
Goethes Biograph Richard Friedenthal sieht den Fall einfacher. Er schreibt, Goethe habe Angst vor den »Überschönen«, der Schauspielerin Corona Schröter[46] und der Marquesa Branconi, gehabt. »Er flüchtete sofort, in die Einsamkeit, den Wald bei Ilmenau, hinauf auf den Gickelhahn«, wo er an die Wand schrieb: ›Über allen Gipfeln ist Ruh pp‹.[47]
Bei soviel ernster Bemühung um die acht spruchhaft schlichten Verse standen die Parodisten von Kraus über Brecht bis Jandl nicht zurück.[48]

Das Gedicht **An den Mond** ist zwischen 1776 und 1778 entstanden. Seine Überschrift erinnert an die des rokokohaften Gedichts »Schwester von dem ersten Licht«, das Goethe kurz vor 1770 verfaßte und später verändert unter dem Titel »An Luna« in seine *Schriften* (1787–89) aufnahm.
Bei der Handschrift der Erstfassung fanden sich Gesangsnoten.[49] Die Spätere Fassung erschien erstmals 1789 in den *Schriften*. Es gibt noch eine dritte Variante aus der Feder der Frau von Stein: »An den Mond. Nach meiner Manier«. Das Entstehungsdatum dieses Textes ist umstritten.

45 Vgl. »Die Branconi-Episode«, in: K. R. Eissler, *Goethe. Eine psychoanalytische Studie 1775–1786*, Bd. 1, S. 513–537.
46 Vgl. S. 27 und S. 99.
47 *Goethe*, S. 279.
48 Vgl. die Geschichte des Textes in der Dokumentation von Wulf Segebrecht: *Johann Wolfgang Goethes Gedicht »Über allen Gipfeln ist Ruh« und seine Folgen. Zum Gebrauchswert klassischer Lyrik*. Text, Materialien, Kommentar, München 1978.
49 Eine Melodie, die der Züricher Komponist Philipp Christoph Kayser (1755–1824) komponiert hatte.

Charlotte von Stein (1742–1827). Stahlstich von August Weger nach einem von Georg Wolf um 1850 nach einem Selbstbildnis gefertigten Stich

Gartenhäuser erfreuten sich längst besonderer Beliebtheit bei den Poeten, als Herzog Carl August, um Goethe in Weimar zu halten, im Frühjahr 1776 seinem Dichterfreund ein Haus mit Garten an der Ilm schenkte. In diesem Haus hat Goethe vom Mai 1776 bis 1782 für sich allein gelebt. Auch später, nachdem er in sein großes Haus am Frauenplan umgezogen war, blieb ihm das Gartenhaus ein geschätztes Refugium. Hier an der Ilm entstand vermutlich das Lied an den Mond.

Die Übereinstimmung von mondbeschienener Natur und gelöster Seele, die Verwandtschaft des angeredeten Mondes mit der Liebsten (Charlotte von Stein), daß beide und der Busenfreund (Herzog Carl August) das leidenschaftlich bewegte Herz die nicht minder extrem wechselnden Jahreszeiten hindurch dort am Fluß festhalten, befriedigt das lyrische Ich. Denn selig ist, wer sich ohne Haß aus dem Lärm der Welt zurückziehen kann,[50] um in der Abgeschiedenheit mit einem empfindsamen Freund zu genießen, was andere übersehen oder geringschätzen.

In der späteren Fassung scheint die so wohltuende, harmonische Dreiheit von Mond, Liebster und Mann verloren: der Freund rückt in den Vordergrund, die Liebste erscheint nur noch vage im Nachklang »froh- und trüber Zeit«.[51] Gesucht wird nun, wie im ersten Nachtlied, die *aequanimitas*, der Gleichmut der Seele. Zwar heißt es: »Wandle zwischen Freud' und Schmerz / In der Einsamkeit«, doch die quälend unvergeßliche Erinnerung an Scherz, Kuß und Treu, die im Strom der Zeit so schnell verrauschten, läßt das lyrische Ich nicht froh werden. Wenn es eine Erleichterung gibt, so ist es Goethes »altes Hausmittel«: die Objektivierung und Entäußerung des Leids in der Kunst:[52] »Rausche, Fluß, das Tal

50 Vgl. das Gegenbild im Gedicht »Harzreise im Winter« (S. 63).

51 Daher nimmt man an, daß diese Fassung nach Goethes erster Italienischen Reise entstanden ist, zu einer Zeit, als sich Frau von Stein wegen Goethes Verbindung mit Christiane Vulpius zurückzog.

52 Die These des Aristoteles, daß sich der Dichter im Werk von zerstöre-

entlang, / Ohne Rast und Ruh, / Rausche, flüstre meinem Sang / Melodien zu.«

In der Version der Frau von Stein klagt die Liebste. Ihr Freund hat sich abgewandt. Sie verdrängt die Erinnerung: »Lösch das Bild aus meinem Herz / Vom geschied'nen Freund.«

Die Liebste lebt nun ihrer Seelenreinheit und freut sich ahndungsvollen Genusses religiöser Erscheinung: »Selig, wer sich vor der Welt / Ohne Haß verschließt, / Seine Seele rein erhält, / Ahndungsvoll genießt, / Was den Menschen unbekannt / Oder wohl veracht / In dem himmlischen Gewand / Glänzet bei der Nacht.«

Harzreise im Winter. Das im freien Odenstil geschriebene Gedicht, das die Reihe der großen Jugendhymnen beschließt, entstand in der Zeit vom 1. bis 10. Dezember 1777 und erschien 1789 gedruckt in den *Schriften*.

Goethe war damals eben zwei Jahre in Weimar und mit achtundzwanzig Jahren bereits zum Geheimen Legationsrat ernannt. Er war mit Herzog Carl August und dessen Gefolge zur Keilerjagd ausgeritten und unternahm allein vom 29. November bis zum 15. Dezember seine erste Harzreise, einen, wie er es nannte, wegen des winterlichen Wetters erschwerten vierzehntägigen »kleinen Umweg« von etwa 500 Kilometern zu Fuß und zu Pferd. Er reiste inkognito und gab sich als Landschaftsmaler Weber aus.

Der äußere Anlaß für die Reise war die Erkundung des Bergwesens im Nordharz, denn Goethe beabsichtigte, die stillgelegten Silberbergwerke bei Ilmenau wieder zu beleben. Außerdem wollte er sich in Wernigerode unerkannt dem Theologen Friedrich Victor Leberecht Plessing nähern, einem *Werther*-Leser, der ihn »schreibselig-beredt und da-

risch dämonischen Elementen seiner Natur befreit, nannte Goethe mit Bezug auf den *Werther* in *Dichtung und Wahrheit* sein »altes Hausmittel«; vgl. auch Tasso: »Und wenn der Mensch in seiner Qual verstummt, / Gab mir ein Gott, zu sagen, wie ich leide« (V. 3432f.).

bei so ernstlich durchdrungen von Mißbehagen und selbstischer Qual« brieflich um Rat bedrängt hatte.[53] Vor allem aber hatte Goethe das Bedürfnis, sich fern vom Weimarer Hof seiner selbst und seiner eigenen Entscheidungen für die Zukunft gewisser zu werden.

Der Prenzlauer Rektor Karl Ludwig Kannegießer hat das ohne biographischen Kommentar rätselhafte Gedicht zu deuten versucht und seine Auslegung 1820 an Goethe geschickt, der dadurch zu eigenen Erläuterungen angeregt wurde; vgl. auch Goethes Erwähnung der »Harzreise« in der *Campagne in Frankreich* und im § 75 der *Farbenlehre, Didaktischer Teil.*

»Das Thema«, schreibt Goethe in seinen »Erläuterungen«, »wäre also wohl folgendermaßen auszusprechen: der Dichter, in doppelter Absicht, ein unmittelbares Anschauen des Bergbaues zu gewinnen und einen jungen, äußerst hypochondrischen Selbstquäler zu besuchen und aufzurichten, bedient sich der Gelegenheit, daß engverbundene Freunde zur Winterjagdlust ausziehn, um sich von ihnen auf kurze Zeit zu trennen. [. . .] Von dem, was ihm während dieser Zeit durch den Sinn gezogen, schreibt er zuletzt kurz, fragmentarisch, geheimnisvoll, im Sinn und Ton des ganzen Unternehmens, kaum geregelte rhythmische Zeilen.«

Die ersten Verse: »Dem Geier gleich / [. . .] / Schwebe mein Lied«, sind ein Eingangsgebet mit heidnischer Auguralsymbolik.[54] Denn Falken und Bussarde konnten zu Goethes Zeit auch Geier genannt werden, und diese spielten in der *disciplina auguralis* eine wichtige Rolle, weil aus ihrem Flug (*signa ex avibus*) die Auguren den Willen der Götter lasen. Hier nun sollen also am Schweben des Liedes die göttlichen Verheißungen für den Dichter abzulesen sein.[55] Darum

53 Goethes Erläuterungen eigener Gedichte (HA 1,392).
54 Die Auguren (*augures*) waren ein römisches Priesterkollegium, dessen Mitglieder unter anderem als Vogelschauer (*auspices*) den Willen der Götter erkundeten.
55 Das heißt, vor dem orakelhaften Hintergrund dieser Reise bekommen

sprechen die folgenden Verse von schicksalhafter Vorbestimmung, von dem Daimon,[56] und den Moiren[57], und zwar bezogen auf den Gegensatz zwischen dem Dichter selbst, der sein bisheriges Leben glücklich schätzt, und dem im Weltschmerz versunkenen Hypochonder.
Tiere und Menschen haben sich auf den Winter vorbereitet. Die erwähnten Sperlinge sind Rohrsperlinge. Von diesen und einigen anderen Vögeln nahm man seit Aristoteles an, daß sie in den Sümpfen schlafend überwintern. Mit ihnen verglichen werden die Reichen, die sich winters von ihren Landgütern in die Städte zurückziehen.
Der Begünstigte folgt seinem Glück wie auf Wegen, die für den Fürsten geebnet wurden. Wer aber schlägt sich seitlich ins Gebüsch? – »Das Bild des einsamen, menschen- und lebensfeindlichen Jünglings kommt ihm wieder in den Sinn«:[58] »Erst verachtet, nun ein Verächter, / Zehrt er heimlich auf / Seinen eignen Wert / In ung'nügender Selbstsucht.«
Der Dichter beklagt den Unglücklichen und bittet um Erquickung für ihn. Er bittet auch um Segen für die Jagdge-

auch die ungewöhnliche winterliche Klarsicht auf dem Gipfel des Brockens und die in § 75 der *Farbenlehre* beschriebene »herrliche Erscheinung farbiger Schatten, bei untergehender Sonne« für Goethe besondere symbolische Bedeutung.

56 Vgl. »Urworte. Orphisch« (S. 78).

57 Schicksalsgöttinnen, Töchter des Zeus und der Themis: Klotho spinnt den Lebensfaden, Lachesis teilt das Lebenslos zu, Atropos, die Unabwendbare, durchschneidet den Lebensfaden.

58 Gisela Lindemann hält Goethes Selbsterklärung »in einer so ausgepichten Mischung aus Offenheit und Verdecktheit« für »Mystifikation«. Sie schreibt: »An Plessing mag gedacht sein, aber die Bildgenauigkeit der äußeren Szenerie legt es nahe, zuerst den Autor selbst darin zu sehen, der sich abseits der herzöglichen Jagdgesellschaft (die er sich aggressiv mordlustig vorstellt [...]) allein auf die gefährliche Winterreise in den Harz begeben hat. In der inneren Szenerie des Textes ist es zweifellos der ins Gebüsch sich verlierende böse Schatten des lyrischen Ich, den die Liebe *mit dem beizenden Sturm* hoch emporträgt« (»Über die Erledigung des bösen Schattens beim Schreiben. Zu Goethes ›Harzreise im Winter‹. Ein Versuch«, in: *Text + Kritik*, Sonderband *Johann Wolfgang Goethe*, München 1982, S. 53).

sellschaft, deren Übermut er zwar »fröhliche Mordsucht« nennt, jedoch sachlich rechtfertigt.
Ihn selbst aber, den Einsamen, soll die Liebe in Goldwolken hüllen. Das erinnert an das Begegnungsgewölk des »Ganymed« und daran, daß Goethe Charlotte von Stein brieflich mit »Lieb Gold« anredete.
Wie die Musen in »Wandrers Sturmlied« erleichtern ihm die Gedanken an die entfernte Geliebte die Beschwerlichkeiten der Reise.
Der Aszensus gelingt. Die Welt liegt vor ihm als »offenbar Geheimnis«. Der gefürchtete Gipfel wird ihm zum Dankaltar.
Der Berg wird angeredet: Sein Busen aus Granit ist »unerforscht«, d. h. von keinen Minengängen durchwühlt. Es sind die Erzflöze, die Adern seiner Brüder, welche die Reiche und Herrlichkeiten der Welt speisen. Die Vision erinnert an die Walpurgisnacht, wo »man mit Erstaunen sieht, / Wie im Berg der Mammon glüht«.
Die Strophen über das Schicksal des Zurückgesetzten »Aber abseits, wer ist's?« hat Brahms vertont, nachdem seine Liebe für Julie Schumann unerwidert geblieben war.

Das Gedicht **Grenzen der Menschheit** ist 1781 oder kurz davor entstanden. Es liegt in zwei gleichlautenden Handschriften von Goethe und Herder vor. Der Erstdruck in den *Schriften 1789* hat im Vers 40 *sich* statt *sie*. Das verändert zwar den Sinn dieser Stelle, aber kaum die Gesamtaussage des Textes, der in das Umfeld der weltanschaulichen Gedichte gehört und in dem Gedicht »Das Göttliche« (1783) gleichsam seine Fortsetzung findet.
Der Anfangsimpuls des Gedichts ist eine persönliche Demutsgebärde vor der Herrschaft des »uralten heiligen Vaters«. Dieser nach den selbstbewußten Tönen des Sturm und Drang[59] überraschende Rückzug in die Vorstellung

59 Vgl. z. B. »An Schwager Kronos« (S. 50).

frommer Gotteskindschaft wird apodiktisch verallgemeinert: »Mit Göttern / Soll sich nicht messen / Irgend ein Mensch.«

Die Entselbstung Ganymeds und die Verselbstung des Prometheus[60] werden jetzt als Fehlverhalten der Vermessenheit charakterisiert: Der Idealist, der sich in die Wolken erhebt, etwa um sich als Gefühlstitan mit dem »alliebenden Vater« in einer *unio mystica* zu vereinigen, verliere den Boden der Wirklichkeit unter seinen Füßen; während der Realist, der sich nur auf »seiner Erde« tätig verselbstigt und vielleicht gar die Götter schmäht, in seiner Begrenzung sich nicht einmal mit Busch und Baum vergleichen könne.

Anerkannt werden soll der Grundunterschied zwischen den unsterblichen Göttern und dem sterblichen Menschen, zwischen Dauer und Vergänglichkeit, Ewigkeit und Zeit. – Die Lesart der ersten und häufigsten Druckfassung: »[. . .] viele Geschlechter / Reihen *sich* dauernd / An ihres Daseins / Unendliche Kette«, wird zumeist so gedeutet, daß sich immerhin die Lebenskreise der sterblichen Individuen als einzelne kleine Ringe zu einer unendlichen Kette der Geschlechter zusammenschließen und dadurch der Menschheit als Ganzes Dauer verleihen.

Goethes Absage an das geniehafte Lebensgefühl hängt mit den Begrenzungen zusammen, die er bei seiner Tätigkeit in Weimar erlebte und akzeptierte. Conrady, der den »Akt der Anpassung« keineswegs »als Generalaussage Goethes« nimmt,[61] sondern lebensgeschichtlich versteht und psycho-

60 Vgl. »Ganymed« (S. 48) und »Prometheus« (S. 53).

61 Vgl. dagegen Ursula Segebrecht: »Die Einsicht, daß der Mensch Grenzen anerkennen und sich beschränken müsse, findet sich in Goethes schriftlichen Äußerungen seit 1776 häufig und in vielfacher Beziehung [. . .]. Man kann diese Einsicht geradezu als ein ›Grundmotiv des Goetheschen Denkens‹ (so Mandelkow, in: *Goethes Briefe*, Bd. 1, S. 654) seit der ersten Weimarer Zeit bezeichnen.« Vgl. aber auch Hans Dietrich Dahnke: »Zu keiner Zeit seines Lebens hat Goethe in diesen Fragen absolut eindeutige Antworten gegeben, sondern immer bewußt den Schleier des Geheimnisses darüber belassen« (*Text + Kritik*, oben S. 65, Anm. 58, S. 120f.).

logisch nachvollziehbar darstellt, erlaubt sich doch, darüber nachzudenken und zu fragen, »ob es nicht problematisch ist, in Unterwerfungshaltung von der Macht des ›uralten heiligen Vaters‹ und der ›Götter‹ zu dichten, um ihr gegenüber die Schwäche des Menschen zu betonen. Kann sich nicht zu leicht ergeben, daß menschliches Versagen und schlechte (aber sehr wohl veränderbare) Verhältnisse als etwas schicksalhaft Verhängtes an- und hingenommen werden?«[62] – Solchen und ähnlichen Zweifeln, die klugerweise mit größter Bescheidenheit angemeldet werden, begegnet der überlegenere Goethekenner stets mit Verweisen auf den Rollencharakter oder den relativen Stellenwert des jeweiligen Textes: »Prometheus steht zum Ich dieser Strophen nicht wie die Hybris zur Bußfertigkeit, sondern [...] wie das Einatmen zum Ausatmen. Eine Polarität bildet sich hier ab und nicht ein Reifungsprozeß. [...] Kniefall und Auflehnung setzen einander gegenseitig voraus. Nur so nämlich wird das ›Ganze‹ gewonnen, um das es diesem Dichter immer geht.«[63]

Die Ballade[64] **Der Fischer** ist 1778 entstanden. Sie wurde 1779 als Volkslied gedruckt und durch Siegmund von Sekendorff vertont.

62 Conrady, *Goethe*, Bd. 1, S. 410f.

63 Peter von Matt, »Selbstbewußte Demut«, in: *Johann Wolfgang von Goethe, Verweile doch. 111 Gedichte mit Interpretationen* (S. 40, Anm. 11), S. 121.

64 Die Bezeichnung Ballade, von ital. *ballata*, provenzal. *balada*, ursprünglich kurzes strophisches »Tanzlied« mit Kehrreim, ist um 1770 durch engl. *ballad (Chevy-Chase-Ballad)* ins Deutsche gekommen. Die Ballade ist ein »Erzählgedicht« mit lyrischer Form und dramatischen Elementen (z. B. Dialog). Goethe schrieb: Der Balladendichter kann »lyrisch, episch dramatisch beginnen und, nach Belieben die Formen wechselnd, fortfahren, zum Ende hineilen oder es weit hinausschieben. [...] Übrigens ließe sich an einer Auswahl solcher Gedichte die ganze Poetik gar wohl vortragen, weil hier die Elemente noch nicht getrennt, sondern wie in einem lebendigen Ur-Ei zusammen sind, das nur bebrütet werden darf, um als herrlichstes Phänomen auf Goldflügeln in die Lüfte zu steigen« (HA 1, S. 400).

Nachdem Goethe in seiner Sturm-und-Drang-Zeit fast ausschließlich Liebesballaden geschrieben hatte,[65] wandte er sich in der Balladendichtung seiner ersten Weimarer Jahre dem Naturmagischen zu.

Das Motiv des leidenschaftlich stürzenden oder sanft verlockenden Wassers hatte er früher schon, zum Beispiel im *Werther*, behandelt. Inzwischen wohnte er zurückgezogen in seinem Gartenhaus, wo er in Mondnächten in der Ilm badete und wo Christiane von Laßberg am 17. Januar 1777 mit dem *Werther* in der Tasche ihren Freitod fand. Goethe schrieb danach an Frau von Stein: »Diese einladende Trauer hat was gefährlich anziehendes wie das Wasser selbst, und der Abglanz der Sterne des Himmels der aus beyden leuchtet lockt uns.«[66]

Von einem Freitod im Wasser handelt auch die Ballade »Der Fischer«. Allerdings nicht im Zusammenhang mit wirklichem oder *werther*lichem Weltschmerz, sondern angesichts eines Dilemmas zwischen poetischer und wissenschaftlicher Auseinandersetzung mit der Natur. Denn Goethes Engagement für den Ilmenauer Bergbau zwang ihn um diese Zeit, die Natur, die er bis dahin poetisch ganzheitlich erlebt hatte, nun wissenschaftlich analytisch und unter wirtschaftlichen Gesichtspunkten anzugehen.

Der Fischer ist also ein aufgeklärter Fachmann, »ruhevoll« und »kühl bis ans Herz hinan«. In dem »feuchten Weib«, der Sirene, begegnet ihm zunächst einmal die Verkörperung des Wassers, eines ebenso segensreichen wie dämonischen Elements, das jetzt rauscht, schwillt und emporflutet.

Ihr Vorwurf an den Fischer lautet, er fange »mit Menschenwitz und Menschenlist« kleine Fische für seine Küche;[67] das

65 Vgl. »Heidenröslein« (S. 39), »Der König in Thule« (S. 48), »Der untreue Knabe« usw.

66 Vgl. die Briefe an Frau von Stein, z. B. Nr. 473 vom Juni 1776, Nr. 484 vom 2. Juli 1776 und Nr. 621 vom 17. Juli 1777.

67 Der klassische Philologe Karl August Böttiger (1760–1835) überliefert Goethes Äußerung, die »Todesgluth« sei »die Kohlengluth in der Küche, an welcher die Fische gebraten würden«.

heißt, er greife ein, beute aus und zerstöre die Harmonie der Natur. Wüßte er dagegen, wie wohlig es auf ihrem Grunde sei, stiege er selber herab und würde »gesund«.
In romantisch irrationaler Verkehrung von oben und unten locken im Wasser Sonne, Mond, Himmel und das eigene Angesicht des Narziß.[68] Das feuchte Weib berührt und rührt den Fischer. Das macht sein anfänglich so kühles Herz nun so sehnsuchtsvoll: »Da war's um ihn geschehn: / Halb zog sie ihn, halb sank er hin, / Und ward nicht mehr gesehn.«
Goethe bemerkte am 3. Januar 1823 zu Eckermann: »Es ist ja in dieser Ballade bloß das Gefühl des Wassers ausgedrückt, das Anmuthige, was uns im Sommer lockt, uns zu baden; weiter liegt nichts darin [...].«

Die Anregung zu der 1782 entstandenen und sofort gedruckten Ballade vom **Erlkönig** nahm Goethe aus Herders Übersetzung der dänischen Volksballade »Erlkönigs Tochter«. Herder hatte aus dem dänischen »ellerkonge« = Elfenkönig, durch Verwechslung mit dem dänischen »eller« = Erle, einen Erlenkönig gemacht. Das kam Goethe zupaß, denn seine Ballade war ursprünglich das Eingangslied der Hauptfigur Dortchen in seinem Singspiel *Die Fischerin*, die er am 22. Juli 1782 nachts »unter hohen Erlen« an der Ilm bei Tiefurt inszenierte.
Die so glücklich gelungene und darum so beliebte Ballade vom »Erlkönig« wurde oft vertont und noch öfter parodiert. Pädagogen halten sie für »ein in aller Welt als exemplarisch geltendes Dokument der deutschen Literaturgeschichte«[69] und ordnen sie gern als Muster der naturmagischen Ballade ein.

68 Vgl. die früheren narzißtischen Anklänge im *Werther*, den Hymnen des »Prometheus« und des »Ganymed«, in dem Gedicht »Auf dem See«, im zweiten »Nachtlied« und schließlich im oben (S. 69) zitierten Brief an Charlotte von Stein.

69 Vgl. F. Hassenstein, »Der ›Erlkönig‹ – und was man mit ihm machen

Das Gedicht vom »Erlkönig« ist völlig symmetrisch aufgebaut. Es beginnt und endet mit einem erzählerischen Rahmen, der in den szenisch-dialogischen Strophen eine Art Mini-Drama einschließt. Die einzelnen Strophen entsprechen jeweils einzelnen Sinnschritten. Diese verteilen sich regelmäßig abwechselnd auf den Vater mit seinem Kind (Strophen 2, 4, 6) und auf den Erlkönig (Strophen 3, 5, 7). Die aus der Volksballade übernommene Stropheneinheit, der Zeilenstil (d. h. der Zusammenfall von Vers und syntaktischer Einheit) sowie der Paarreim geben dem Gedicht eine formale Statik, die durch inhaltliche Steigerungen aufgehoben wird: Da sind das lautlich irritierende Gewisper »Du liebes Kind, komm, geh mit mir! / Gar schöne Spiele spiel' ich mit dir«, das rhythmisch betörende daktylische Polysyndeton »und wiegen und tanzen und singen dich ein«. Da ist der beängstigende Übergang vom Schmeicheln zur Gewaltandrohung und schließlich der derbe Zugriff, dessen Vollzug sich darin ausdrückt, daß der Sohn zuletzt aus der Strophe des Erlkönigs spricht und selbst der Vater den rettenden Hof nur mit »Müh und Not« erreicht. Die retardierend wirkende Inversion, die Umstellung der adverbialen Bestimmung im letzten Vers, betont das trostlose Ende.

Wie schon in der Ballade »Der Fischer« geht es im »Erlkönig« um dämonische Naturgewalt. Der Sohn erfährt diese als innere, aus seinem Unbewußten aufsteigende Bilder, die ein bedrohliches erotisches Faszinosum darstellen. Der Vater versucht die Macht der Fieber-Visionen mit kühler Vernunft durch rationale Erklärungen abzuwehren. Weil das nicht gelingt, graust es ihm selbst.

Je nach Standpunkt und Methode haben die Interpreten versucht, Goethe mit der Position des Vaters oder der des Sohnes zu identifizieren. Zieht man die literaturgeschicht-

kann«, in: *Praxis Deutsch*, Heft 11 (1975) S. 45–47; vgl. auch V. Merkelbach, *Diskussion Deutsch* 16 (1985) S. 321 die Rangliste der im Deutschunterricht beliebtesten Balladen. Da steht der »Erlkönig« nach Brechts »Entstehung des Buches Taoteking [. . .]« und Droste-Hülshoffs »Der Knabe im Moor« an dritter Stelle.

liche Situation der Entstehungszeit und Goethes Biographie in Betracht, so muß man vermuten, daß hier eher der romantische Schauder, d. h. die Sensibilität des Gefühls, als die Nüchternheit aufklärerischer Vernunft vertreten wird. Goethe meinte: »Der Aberglaube ist die Poesie des Lebens; deswegen schadet's dem Dichter nicht, abergläubisch zu sein« (*Maximen und Reflexionen* 171).[70]

Die Ballade **Der Sänger** ist wahrscheinlich 1783, jedenfalls im Zusammenhang mit dem Roman *Wilhelm Meisters theatralische Sendung*, entstanden. Sie wurde erstmals 1795 in *Wilhelm Meisters Lehrjahre* (2. Buch, 11. Kap.) gedruckt.

Das von dem wahnverwirrten alten Harfner gesungene Lied bedient sich einer alten Strophenform mit jeweils einem Kreuzreim, einem Paarreim und einer Waise, das heißt einem reimlosen Vers.

Der Sänger in dieser von Rezitatoren geschätzten Ballade singt, »wie der Vogel singt, / Der in den Zweigen wohnet; / Das Lied, das aus der Kehle dringt, / Ist Lohn, der reichlich lohnet«.

Statt materiellen Danks für seine Kunst bittet er um »den besten Becher Weins / In purem Golde«. Das ist nur als Entgelt gesehen »kleine Gabe«. Ideell bedeutet die Teilhabe am höchsten, eigentlich den Würdenträgern der Monarchie vorbehaltenen Genuß, eine Gleichstellung von Künstler und König.

Eine solche Würdigung des freien Geistesadels war Wilhelm Meisters und Goethes Jugendtraum. Noch in *Dichtung und Wahrheit* schreibt Goethe: »Ich war dazu gelangt, das mir inwohnende dichterische Talent ganz als Natur zu betrachten, [... Gedichte] gegen Geld umzutauschen schien mir abscheulich« (16. Buch).

Die Lyrikerin Ulla Hahn, die darunter leidet, daß das naive

70 Vgl. die vielen im *Lexikon der Goethe-Zitate* unter dem Stichwort ›Aberglaube‹ aufgeführten positiven Äußerungen.

Bild des deutschen Dichters noch immer vom weltfremden Idealismus des Sängers in dieser Ballade geprägt wird, erinnert daran, wie Walther von der Vogelweide über seine wirtschaftliche Unabhängigkeit gejubelt hat: »Ich han min lehen, al die werlt, ich han min lehen!«[71] – Und Goethe selber? Er habe 1783 mit 34 Jahren 1400 Taler Jahresgehalt bezogen. Das waren 400 Taler mehr als sein Großvater verdiente, der immerhin einer der höchstbezahlten Beamten der Stadt Frankfurt war. Der außerordentliche Jenaer Professor Hegel bekam 100, der ordentliche Professor Schiller 200 Taler jährlich. Goethe, der seine Schriftstellerei mit dem *Götz* im ruinösen Selbstverlag begonnen hatte, wußte durch den Erfolg und die Vielzahl der Raubdrucke des *Werther* sehr gut, was seine Manuskripte wert waren. Er verstand es, mit Verlegern zu feilschen, und erwirkte sich als erster ein bis fünfunddreißig Jahre nach seinem Tod geltendes Copyright. Er lobte die doppelte Buchführung als »eine der schönsten Erfindungen des menschlichen Geistes« und führte noch im Alter seiner Schwiegertochter das Haushaltsbuch. – So gegensätzlich können dichterisches Ideal und Lebenspraxis sein.

Im Frühjahr 1797 war Goethe längere Zeit bei Schiller in Jena. Die seit 1794 befreundeten Dichter arbeiteten damals am *Wallenstein* und am *Faust*. Sie beschäftigten sich mit Dichtungstheorie und schrieben im Zusammenhang damit in schneller Folge eine Reihe von Balladen, die Schiller in seinem *Musenalmanach für das Jahr 1798* veröffentlichte. Das am 21./22. Mai 1797 entstandene Gedicht **Der Schatzgräber** war das *opus primum* des sogenannten »Balladenjahres«.[72]

71 Die Sprüche, König Friedrichston, XI.

72 Goethe verfaßte 1797 die Balladen »Der Schatzgräber«, »Legende«, »Die Braut von Korinth«, »Der Gott und die Bajadere« und »Der Zauberlehrling«. Schiller schrieb damals die Balladen »Der Ring des

Goethe, der sich in seiner Bemühung um die Wiederbelebung der Silberminen bei Ilmenau gleichsam selber als Schatzgräber versuchte, war weder »arm am Beutel« noch »krank am Herzen«, aber schwach genug, sich am 20. Mai 1797 ein Los der Hamburger Stadtlotterie zu kaufen. Denn er wollte wie Schiller und Wieland ein kleines Gut erwerben. Am folgenden Tag hatte er die »artige Idee, daß ein Kind einem Schatzgräber eine leuchtende Schale bringt«. Die Anregung zu dieser Bildvorstellung kam wohl von einer Kupferstich-Illustration zu dem Kapitel »Vom Schatzgraben und Finden« in Petrarcas *De remediis utriusque fortunae, Trost Spiegel in Glück und Unglück*. Zwei Tage später hatte Schiller die parabolisch-lehrhafte Ballade in Händen.

Krank also ist dieser Hunger nach Geld, der bereit ist, für einen Schatz die Seele dem Bösen zu verschreiben. Doch der in der ersten Person sprechende Schatzgräber hat Glück. Aus dem »Kraut und Knochenwerk« seiner mitternächtlichen Beschwörung steigt unverhofft ein hübscher, holder, klassischer Blumenknabe, ein Genius wie der Knabe Lenker im zweiten Teil des *Faust*, der in leuchtendem Himmelstrunk »Mut des reinen Lebens« spendet und die Empfehlung, das Glück zukünftig im geregelten Wechsel von anstrengender Tätigkeit und verdientem Genuß zu suchen. Diese »Belehrung« ist so verteufelt gut, daß Mephisto ähnliches sagen durfte: Als Faust vor der »Sudelköcherei« der Hexen zurückschreckt und fragt, ob es kein natürlicheres Mittel zur Verjüngung gäbe als den abscheulichen Trank, rät Mephistopheles: »Begib dich gleich hinaus aufs Feld, / Fang an zu hacken und zu graben, / Erhalte dich und deinen Sinn / In einem ganz beschränkten Kreise, / [. . .] / Das

Polykrates«, »Der Handschuh«, »Ritter Toggenburg«, »Der Taucher«, »Die Kraniche des Ibykus« und »Der Gang nach dem Eisenhammer«. Während in Schillers Balladen meistens eine freie sittliche Entscheidung im Mittelpunkt steht, geht es in Goethes Gedichten häufig um geheimnisvolle Beziehungen zwischen Mensch und höheren Mächten.

ist das beste Mittel, glaub, / Auf achtzig Jahr dich zu verjüngen!« Worauf Faust entgegnet: »Das bin ich nicht gewöhnt, ich kann mich nicht bequemen, / Den Spaten in die Hand zu nehmen. / Das enge Leben steht mir gar nicht an« (V. 2353–64).
Manche Pädagogen hoffen, daß Schüler vielleicht weniger renitent sind und die schöne Lehre annehmen.

Auch **Der Zauberlehrling** ist im Balladenjahr 1797 entstanden und im *Musenalmanach für das Jahr 1798* gedruckt worden. Und wie beim »Schatzgräber« ist auch beim »Zauberlehrling« Schillers Einfluß zu spüren: Goethe dämpft die magischen Nebentöne seines volkstümlichen Balladenstils der bewährten Tradition; er geht nun statt dessen von einer Idee oder Sentenz aus und dramatisiert diese auf einen rationalen Schluß hin.
Die Quelle für den »Zauberlehrling« war *Der Lügenfreund oder der Ungläubige* des 1788 von Wieland übersetzten Griechen Lukian von Samosata (um 125 – um 180).
Der Text ist, bis auf das rettende Schlußwort des alten Meisters, der Monolog eines anmaßenden Lehrlings. Der Lehrling spricht großspurig und wortreich in vierhebigen trochäischen Versen. Die Verse der Zaubersprüche sind nur halb so lang. Als der Lehrling, der den Besenzauber erfolgreich in Gang gesetzt hat, bemerkt, daß ihm die Formel für die Beendigung des Programms entfallen ist, wirft er auch die beiden Sprachebenen durcheinander (Vers 38ff.): Er räsonniert und klagt in Zauberspruchversen und wendet sich mit den eigenen, längeren Versen an den verzauberten Besen (Vers 57ff.). Erst die Schlußformel des alten Meisters stellt auch die metrische Ordnung wieder her.
Die Beliebtheit der Ballade beruht auf ihrer gelungenen Form und der beinahe unbegrenzten Anwendbarkeit der Klage: »Herr, die Not ist groß! / Die ich rief, die Geister, / Werd' ich nun nicht los.«

Knebel meinte, die altmeisterliche Zurechtweisung sei ganz konkret Goethes »Abfertigung der Anti-Xenisten«. Conrady verallgemeinert: »Die biedere Lehre, nicht vorwitzig und voreilig zu sein, kann an alle adressiert sein, die Ordnungen vorschnell aufheben oder verändern möchten, Philosophieadepten und junge Schriftsteller, politische Unruhestifter und allzu neuerungssüchtige Künstler.«[73] Und Norbert Mecklenburg, der den »Zauberlehrling« im Zusammenhang mit Goethes eigenem autoritären, patriarchalisch-konservativen Ordnungsstreben sieht, drechselt: »Im *Zauberlehrling* bildet eine ziemlich hölzerne Lehre, der wohl nicht ganz Unrecht geschieht, wenn man sie als revolutionsfeindlich überinterpretiert, den Zielpunkt für eine unterhaltsam-virtuose Erzählung.«[74]

Das um 1800 entstandene Sonett **Natur und Kunst** hat Goethe nicht in seine Gedichtsammlung aufgenommen, sondern in das Vorspiel *Was wir bringen* eingefügt und anläßlich der Eröffnung des Schauspielhauses in Bad Lauchstädt 1802 vortragen und drucken lassen.

Das im 17. Jahrhundert von deutschen Barockdichtern wie Gryphius (1616–64) und Hofmannswaldau (1617–79) häufig verwandte Sonett ist eine romanische Gedichtform aus dem 16. Jahrhundert mit strengem Vers- und Strophenbau und festgelegter Reim- und Strophenfolge, die von den Romantikern August Wilhelm und Friedrich Schlegel (1767 bis 1845 und 1772–1829) neu belebt wurde.

Goethe, der seinen lyrischen Selbstausdruck in volkstümlichen deutschen Formen wie Knittelvers, Madrigalvers oder Liedern mit wandelbaren freien Rhythmen gefunden hatte, empfand die Petrarkische Sonettform eigentlich als Prokrustesbett. In seinem Gedicht »Sonett« heißt es: »[. . .] die Be-

73 *Goethe*, Bd. 2, S. 177.
74 »Balladen der Klassik«, in: *Deutsche Literatur zur Zeit der Klassik*, hrsg. von Karl Otto Conrady, Stuttgart 1977, S. 163.

schränkung läßt sich lieben, / [. . .] / Nur weiß ich hier mich nicht bequem zu betten, / Ich schneide sonst so gern aus ganzem Holze, / Und müßte nun doch auch mitunter leimen.«

Der Gegensatz von Natur und Kunst, der Goethe schon früher bewegt hatte, erweitert sich nun zu dem umfassenderen Gegensatz von Freiheit und Gesetz. Am Ende der *Lehrjahre* hatte der Erzähler bereits festgestellt: »Der Mensch ist nicht eher glücklich, als bis sein unbedingtes Streben sich selbst seine Begrenzung bestimmt« (vgl. S. 135).

Unter dem Einfluß von Schillers ästhetischen Schriften[75] begreift nun auch Goethe Glück und Schönheit als Harmonie von Sinnlichkeit und Vernunft, als Freiheit am Bande der Notwendigkeit: Das Sonett »Natur und Kunst« unterscheidet zwischen »freiem Glühen der Natur im Herzen« und »gebundenem Geist und Fleiß in abgemeßnen Stunden«, zwischen »ungebundenen Geistern« und »Beschränkung« und »Gesetz«. Die Synthese beider führt zur »Vollendung reiner Höhe«, eben »Freiheit«. Dieser Dreischritt von der formlosen Natur über Kunstgesetze zum vollendeten Gebilde als einer höheren, reineren Natur wird Gleichnis für »alle Bildung«: »In der Beschränkung zeigt sich erst der Meister.« Selbstdisziplin macht frei.

Die oft vertonten volkstümlichen Verse des Gedichtes **Gefunden** sind ebenso schlicht wie prägnant. Sie beschreiben in kurzen Reimzeilen einen einfachen Vorgang mit einfachen Worten und Sätzen im Zeilenstil und wiederholen dabei den unausgesprochenen Vergleich zwischen Mädchen und Blume, den Goethe bereits im Gedicht vom »Heidenröslein« benutzte (vgl. S. 39). In diesem Bild soll nun das Niedliche, »Blümchen«, »Äuglein«, »Würzlein«, rühren.

75 *Über Anmut und Würde* (1793), *Über die ästhetische Erziehung des Menschen, in einer Reihe von Briefen* (1793–95) und *Über naive und sentimentalische Dichtung* (1795/96).

»Äuglein« stehen bei Goethe meist in erotischem Zusammenhang, besonders die Augen des Mädchens, der Geliebten; aber auch die Geliebte bittet den Geliebten, er möge auf Reisen nicht »so viel Äuglichen« machen.
Den Kern des Gedichtes bildet die Strophe in der Mitte:

Ich wollt es brechen,
Da sagt' es fein:
Soll ich zum Welken
Gebrochen sein?

Anders als der »wilde Knabe« gewinnt der verantwortungsvolle reifere Mann die Geliebte, ohne sie zu verletzen, und für immer. Tatsächlich hat Goethe das Gedicht am 26. August 1813 seiner Frau gewidmet und zwar zur Erinnerung an ihre erste Begegnung vor 25 Jahren, am 12. Juni 1788.[76] Es wurde erstmals in den *Werken* von 1815 gedruckt.

Die **Urworte. Orphisch** vom 7./8. Oktober 1817 gehören zu Goethes wichtigsten weltanschaulichen Texten. Goethe veröffentlichte sie erstmals 1820 und gab noch im selben Jahr einen Kommentar zu den fünf Stanzen.
Goethe studierte damals Werke von Philologen und Altertumsforschern, die sich um die Mythologie in vorhomerischen Schriften bemühten. Auf die ἱεϱοὶ λόγοι, die »heiligen Worte« des sagenhaften Sängers und Mysterienstifters Orpheus[77] anspielend, spricht Goethe von »Urworten«. Die halb begrifflichen, halb allegorischen fünf Wesenheiten Dämon, das Zufällige, Liebe, Nötigung und Hoffnung repräsentieren die Abfolge der unterschiedlichen Lebensalter von

76 Vgl. S. 30.
77 Sohn des thrakischen Flußgottes Oiagros und der Muse Kalliope; begnadeter Sänger und Kitharode, dessen Musik paradiesischen Frieden herstellte und der Hades, den Fürsten der Unterwelt, zur Freigabe Eurydikes, seiner an einem Schlangenbiß verstorbenen Gattin, bewegte.

Christiane Vulpius (1765–1816), Goethes Lebensgefährtin
Bleistift- und Kreidezeichnung von Goethe, 1788

der Geburt über Kindheit und Jugend zu Erwachsenenalter und Tod. Eine klare Bestimmung dieser Schicksalsmächte ist kaum möglich, denn Goethes »Kommentar ist keiner in unserm Sinne. Nie sagt er das ganz aufhellende Wort; es bleibt weithin ein andeutendes Sprechen. Das Leitthema aber, das die Anmerkungen verbindet, ist der Nachweis einer steten polaren Wechselwirkung zwischen Freiheit und Zwang.«[78]

78 Conrady, *Goethe*, Bd. 2, S. 440.

Dämon, das »Gesetz, wonach du angetreten«, meint eine unverlierbare schicksalhafte individuelle Prägung. Ohne sich klar zur Astrologie zu bekennen, benutzte Goethe für diese geburtliche Prägung am Anfang seiner Autobiographie das Bild der Nativität. So wie er am Ende dieser Lebensdarstellung seinen Entschluß, nach Weimar zu gehen, durch ein *Egmont*zitat mit dem Wesen des Dämonischen in Verbindung bringt.[79]

Dem Entwicklungspotential der »geprägten Form« treten das Zufällige und die Liebe gegenüber.

In der Liebe fallen Sollen und Wollen zusammen, doch entsteht nicht zuletzt aus der Bindung an das Eine die Nöti-

79 *Dämon* ›Teufel, böser Geist; Gewissen, das dem Menschen innewohnende Gesetz‹ (griech. *daimon* ›Gott, göttliches Wesen, Teufel, Schicksal‹). Egmont, Napoleon, der Herzog Carl August waren für Goethe »dämonische Naturen«. Vgl. Goethe über die Begriffe ›Dämon‹, ›Dämonen‹, ›dämonisch‹ und ›das Dämonische‹:
»Es täte uns not, daß der Dämon uns täglich am Gängelband führte und uns sagte und triebe, was immer zu tun sei« (Eckermann, 11. März 1828).
»[...] aber das ist auch eben das Schwere, daß unsere bessere Natur sich kräftig durchhalte und den Dämonen nicht mehr Gewalt einräume als billig« (Eckermann, 2. April 1829).
»Je höher ein Mensch, desto mehr steht er unter dem Einfluß der Dämonen, und er muß nur immer aufpassen, daß sein leitender Wille nicht auf Abwege gerate« (Eckermann, 24. März 1829).
Um den Widerspruch in Goethes Äußerungen zu vermindern, versuchen Trunz und Conrady zwischen dem Dämon und dem Dämonischen zu unterscheiden:
Das Dämonische schreibt Goethe in *Dichtung und Wahrheit* ist »eine der moralischen Weltordnung, wo nicht entgegengesetzte, doch sie durchkreuzende Macht (20. Buch)«. Vgl. z. B. das Verhängnis in den *Wahlverwandtschaften*.
Goethe schien, »als sei das Dämonische in früheren Zeiten mächtiger gewesen und als ob es in einem prosaischen Jahrhundert nicht solche Gelegenheit finde, sich zu manifestieren« (Eckermann, 28. Februar 1831).
»[...] auch wählt es [das Dämonische] sich gerne etwas dunkele Zeiten. In einer klaren prosaischen Stadt, wie Berlin, fände es kaum Gelegenheit sich zu manifestieren« (Eckermann, 30. März 1831). (Berlin war das Zentrum der deutschen Spätaufklärung.)

gung, die dann wieder auf Bedingung, Gesetz und das Scheinbare der Freiheit verweist.
Was bleibt, ist die Hoffnung, das Bild der Nebelwolke, hinter der Goethe ein Numinosum erahnt.[80] Denn obgleich er mit der ewigen Seligkeit nichts anzufangen wußte, mochte er sich mit der Vergänglichkeit seiner Existenz doch auch nicht abfinden. Die Hoffnung auf Fortbestand seiner Individualität war für ihn allerdings weniger Sache demütig-gläubigen Vertrauens als vielmehr ein denknotwendiges Postulat. Er sagte: »Die Überzeugung unserer Fortdauer entspringt mir aus dem Begriff der Thätigkeit; denn wenn ich bis an mein Ende rastlos wirke, so ist die Natur verpflichtet, mir eine andere Form des Daseyns anzuweisen, wenn die jetzige meinen Geist nicht ferner auszuhalten vermag« (Eckermann, 4. Februar 1829).

Der **West-östliche Divan** ist eine Gedichtsammlung in zwölf Büchern: Buch des Sängers, Buch Hafis, Buch der Liebe, Buch der Betrachtungen, Buch des Unmuts, Buch der Sprüche, Buch Timur (das nur zwei Gedichte enthält), (das umfangreichste) Buch Suleika, Das Schenkenbuch, Buch der Parabeln, Buch des Parsen und Buch des Paradieses. Der Zyklus wird ergänzt durch Gedichte aus dem Nachlaß und durch die *Noten und Abhandlungen zu besserem Verständnis des West-östlichen Divans*.
Das Wort *Divan* kommt aus dem Persischen und heißt ›Versammlung, Gruppe, Liedersammlung‹. Goethe benutzt das Wort in Anlehnung an den Divan des persischen Dichters Hafis (*Diwān-e Ḥāfeẓ*, 1317/25–1389/90), der 1814 von Joseph von Hammer-Purgstall ins Deutsche übertragen worden war.
Freudig überrascht, in fremder Kultur und längst vergangener Zeit Geistesverwandtschaft zu spüren, schrieb Goethe: »Diese mohamedanische Religion, Mythologie, Sitte geben

80 Vgl. »Ganymed« (S. 48) und die »Trilogie zu Howards Wolkenlehre«.

Raum einer Poesie wie sie meinen Jahren ziemt. Unbedingtes Ergeben in den unergründlichen Willen Gottes, heiterer Überblick des beweglichen, immer kreis- und spiralartig wiederkehrenden Erdetreibens, Liebe, Neigung zwischen zwey Welten schwebend, alles Reale geläutert, sich symbolisch auflösend. Was will der Großpapa weiter?« (an Zelter, 11. Mai 1820).

Politisch gesehen war die »Hegire« in den »reinen Osten« Goethes Flucht vor »der Deutschtümelei nach der nationalen Erhebung in den Befreiungskriegen und der Frömmelei der katholischen Restauration des Mittelalters, ihrer *charakter- und talentlosen* Mystik«.[81]

Goethe findet im *West-östlichen Divan* zu einer neuen, hochsymbolischen Lyriksprache mit »eigenartiger Mischung von Mystik und Ironie« (Trunz). Seine Themen sind das Dichten (vgl. »Geständnis«, »Elemente« und »Unbegrenzt«), die Liebe (vgl. »Phänomen«, »Selige Sehnsucht«, »Behramgur, sagt man, hat den Reim erfunden« und »Wiederfinden«), das Trinken und Weisheitssprüche (vgl. »Freisinn« und »Talismane«). Häufig ist die Rede von Gott, denn: »Goethes Frömmigkeit fühlte sich hier wohl: Anschauen und Verehren Gottes in den unzähligen Verwandlungen und Erscheinungen seiner Schöpfung; gern bereite Annahme des Verehrungswürdigen, wo es sich bietet; Religiosität, aber weit gespannt, nicht begrenzt von den Linien einer bestimmten Konfession.«[82]

Entstanden sind die Gedichte seit dem Sommer 1814. Gedruckt wurde der *Divan* erstmals 1819 und in erweiterter Form 1820.

Der lebensgeschichtliche Hintergrund für die Entstehung dieser Lyrik waren Goethes Reisen an Neckar, Main und Rhein in den Jahren 1814 und 1815: Nach dem ersten Pariser Frieden und dem Ende der Kriegsunruhen war Goethe

81 Vgl. Horst Günther, »Ins Land der Dichtung. Zu Goethes *West-östlichem Divan*«, in: *Text + Kritik* (S. 65, Anm. 58), S. 198.

82 Conrady, *Goethe*, Bd. 2, S. 402.

am 25. Juli 1814 zu einer Kur nach Mainz aufgebrochen. Dort traf er am 4. August den Geheimrat Johann Jakob von Willemer und dessen junge Haushälterin Demoiselle Jung.[83] Für den fünfundsechzigjährigen Dichter wurde die Begegnung mit Marianne Jung, bald darauf verehelichte von Willemer, eine »temporäre Verjüngung«, eine »wiederholte Pubertät«. Goethe besuchte die Willemers auf der »Gerbermühle«, ihrem Landhaus am Main. Er begeisterte die junge Frau für die Gedichte des Persers Hafis. Marianne ließ sich als Suleika besingen und antwortete ihrem Dichter Hatem-Goethe mit chiffrierten Verszitaten aus dem Divan von Hafis und mit eigenen Gedichten an den Ostwind und den Westwind, die Goethe in seinen Zyklus aufnahm.
Als Ganzes setzt der Zyklus ein besonderes Interesse an der Person Goethes voraus. Das war beim Erscheinen der Gedichte nicht gegeben. Erst im Laufe der Zeit versammelten sich zahlreiche Kommentatoren um den *Divan*. Hofmannsthal verteidigte das Buch 1913: »Das Vorurteil geht dahin, es habe sich Goethe [...] das orientalische Gewand wie eine Vermummung übergeschlagen [...]. Wer aber Gedichtetes zu lesen und durch den Buchstaben den Geist zu empfangen begnadet ist, der wird in diesem ›West-östlichen Divan‹ nichts von Vermummung gewahr werden, sondern nur von Enthüllung ohne jede Schranke.«[84]

Die Marienbader **Elegie** ist das Mittelstück der »Trilogie der Leidenschaft« (»An Werther«, »Elegie«, »Aussöhnung«). Über die Entstehung sagte Goethe: »Meine soge-

83 Marianne Jung, 1784 in Österreich geboren, war 1798 als Tänzerin, Schauspielerin und Sängerin mit einer Theatertruppe nach Frankfurt gekommen. Der bereits zweimal verwitwete Bankier und Theaterfreund Willemer nahm 1800 die Sechzehnjährige in sein Haus und heiratete sie am 27. September 1814.

84 »Goethes *West-östlicher Divan*«, in: H. von H., *Ausgewählte Werke in zwei Bänden*, Bd. 2: *Erzählungen und Aufsätze*, hrsg. von Rudolf Hirsch, Frankfurt a. M. 1973, S. 564.

nannte *Trilogie der Leidenschaft* [...] ist ursprünglich nicht als Trilogie concipirt, vielmehr erst nach und nach und gewissermaßen zufällig zur Trilogie geworden. Zuerst hatte ich, wie Sie wissen, bloß die *Elegie* als selbstständiges Gedicht für sich. Dann besuchte mich die Szimanowska [die Polin Maria Szymonowska, eine Petersburger Hofpianistin], die denselbigen Sommer mit mir in Marienbad gewesen war und durch ihre reizenden Melodieen einen Nachklang jener jugendlich-seligen Tage in mir erweckte. Die Strophen [»Aussöhnung«], die ich [Mitte August 1823] dieser Freundin widmete, sind daher auch ganz im Versmaß und Ton jener Elegie gedichtet und fügen sich dieser wie von selbst als versöhnender Ausgang. Dann wollte Weygand [Goethes Leipziger Verleger, zum fünfzigsten Jahrestag der Erstausgabe] eine neue Ausgabe meines Werther veranstalten und bat mich um eine Vorrede, welches mir denn ein höchst willkommener Anlaß war mein Gedicht an Werther zu schreiben. Da ich aber immer noch einen Rest jener Leidenschaft im Herzen hatte, so gestaltete sich das Gedicht [›An Werther‹ im März 1824] wie von selbst als Introduction zu jener Elegie. So kam es denn, daß alle drei jetzt beisammenstehende Gedichte von demselbigen liebesschmerzlichen Gefühle durchdrungen worden und jene Trilogie der Leidenschaft sich bildete, ich wußte nicht wie« (Eckermann, 1. Dezember 1831).

Anlaß für die »liebesschmerzlichen Gefühle« der »Elegie« war Goethes letzte große Leidenschaft. Der Dichter bekannte: »Wenn Liebe je den Liebenden begeistet, / Ward es an mir aufs lieblichste geleistet«; eben darum fiel ihm die letzte, endgültige Entsagung so schwer.

Goethe hatte Frau Amalie von Levetzow 1806 in Karlsbad kennengelernt. Sie war damals neunzehn Jahre alt und jung verheiratet. Er traf sie mehrmals, zuletzt 1823, in Marienbad wieder. Die inzwischen sechsunddreißigjährige Frau hatte drei Töchter: Ulrike, Amalia und Bertha, neunzehn, siebzehn und fünfzehn Jahre alt. Goethe verliebte sich

schließlich in die älteste der Töchter und war mit seinen vierundsiebzig Jahren entschlossen, die neunzehnjährige Ulrike (1804–99) zu ehelichen. Herzog Carl August machte den Brautwerber. Doch obgleich er der Mutter eine Position bei Hof und eine Rente versprach, erfuhr Goethe eine dilatorische Antwort. Die Familie zog sich am 17. August nach Karlsbad zurück. Goethe reiste am 25. August hinterher. Beim »tumultuarischen Abschied« am Ende des Badeaufenthaltes am 5. September ahnte der »muntre Greis«, daß er seinen Wunschtraum nicht verwirklichen konnte. Die Unwiederbringlichkeit des Liebesverlusts erschütterte ihn so sehr, daß er sofort zu seinem alten Hausmittel (vgl. S. 62f., Anm. 52) griff und sein Leid in der »Elegie« objektivierte. Er erklärte Eckermann: »Ich schrieb das Gedicht, unmittelbar als ich von Marienbad abreis'te und ich mich noch im vollen frischen Gefühle des Erlebten befand. Morgens acht Uhr auf der ersten Station schrieb ich die erste Strophe und so dichtete ich im Wagen fort und schrieb von Station zu Station das im Gedächtniß Gefaßte nieder, so daß es Abends fertig auf dem Papiere stand. Es hat daher eine gewisse Unmittelbarkeit und ist wie aus einem Gusse, welches dem Ganzen zu Gute kommen mag« (16. November 1823). Unter den leicht variierten *Tasso*-Versen: »Und wenn der Mensch in seiner Qual verstummt / Gab mir ein Gott zu sagen, was ich leide« beklagt er die Trennung von der Geliebten als eine Vertreibung aus dem Paradies.[85]
Goethe kalligraphierte den Text und behandelte ihn wie eine Kostbarkeit. Seine Vertrauten Eckermann, Humboldt und Zelter waren die ersten Leser, gedruckt erschien die »Trilogie der Leidenschaft« 1827 im dritten Band der *Ausgabe letzter Hand*.
Eckermann schien »die jugendlichste Glut der Liebe, gemildert durch die sittliche Höhe des Geistes [...] als des Ge-

85 Ulrike von Levetzow begegnete allen Spekulationen über ihr Verhältnis zu Goethe, indem sie, hochbetagt, schrieb: »Keine Liebschaft war es nicht.«

dichtes durchgreifender Charakter«.[86] Humboldt fand: »In keiner Silbe des Gedichtes ist des Alters erwähnt, aber es schimmert leise durch [...].«[87] Georg Simmel führt dazu aus: »Das Erschütternde der Elegie, das ihr vielleicht eine einzige Stellung in der Weltliteratur gibt, ist dies: daß ein ganz unmittelbares, in voller Lebendigkeit strömendes Fühlen sich ausdrücken will und dafür nur die schon erstarrten, resultathaften, sentenziösen Formen vorfindet, die aus einem ganzen langen Leben auskristallisiert sind und es verweigern, sich noch einmal zurückzuschmelzen [...]. Das leidenschaftlich Gegenwärtige ging nicht in die ihm allein noch gebotene Form der Zeitlosigkeit hinein, hinter der abgeklärten, weise gewordenen Form fühlt man die Sehnsucht klopfen, wie einen Gefangenen an die Mauern, die ihn ersticken wollen. Nie vielleicht hat ein anderes Gedicht rein in seinem Stil den tragischen Kampf des Jünglings mit dem Greise zum Ausdruck gebracht. In diesem Verhängnis des Ausdrucks, daß gerade das Höchste des Stils, in dem alle Weite und Tiefe seines Lebens sich gesammelt hatte, ihm die Möglichkeit entzog, seine Liebe, wie er sie wirklich liebte, auszusagen – spiegelt sich das Verhängnis seiner Wirklichkeit: daß in der Form dieses Lebens offenbar das Glück der Liebe keine dauernde Heimat finden konnte.«[88]

86 *Gespräche*, S. 58f.
87 An seine Frau, 19. November 1823.
88 Vgl. Werner Kraft, »Zur ›Marienbader Elegie‹«, in: *Text + Kritik* (S. 65, Anm. 58), S. 219.

IV. Dramen

Götz von Berlichingen mit der eisernen Hand. Schauspiel in fünf Akten, 1773 im Selbstverlag erschienen. Uraufführung am 14. April 1774 in Berlin.
Götz von Berlichingen ist ein freier Reichsritter, »der nur abhängt von Gott, seinem Kaiser und sich selbst«. Götz, »den die Fürsten hassen und zu dem die Bedrängten sich wenden«, liegt in Fehde mit dem Bischof von Bamberg. Darum nimmt er Adelbert von Weislingen, seinen Jugendfreund, der ein Fürstenknecht und eitler Intrigant am Hofe des Bischofs geworden ist, gefangen.
In der ritterlichen Haft entsinnt sich der »Paradiesvogel« Weislingen der früheren Freundschaft und des Wertes freien Rittertums. Er hält bei Götz um dessen Schwester Maria an und dankt seinem Freund: »Götz, teurer Götz, du hast mich mir selbst wiedergegeben, und, Maria, du vollendest meine Sinnesänderung. Ich fühle mich so frei wie in heiterer Luft. Bamberg will ich nicht mehr sehen, will alle die schändlichen Verbindungen durchschneiden, die mich unter mir selbst hielten. [Denn ...] gewiß ist der allein glücklich und groß, der weder zu herrschen noch zu gehorchen braucht, um etwas zu sein!« (I,5). Doch der »Weiber-, Fürstengunst und Schmeichelei« kann Weislingen nicht widerstehen. Sein Bursche Franz und die Hofschranze Liebetraut locken ihn nach Bamberg, wo er »bundbrüchig« wird und die schöne Witwe Adelheid von Walldorf heiratet. Die von ihm verlassene Maria heiratet der mit Götz befreundete Ritter Franz von Sickingen.
Im Interesse der selbstsüchtigen Fürsten schwärzt Weislingen die freien Ritter beim Kaiser an. Der über die Partikularinteressen der Fürsten verärgerte Kaiser aber hält die Ritter für »tapfer und edel«. Er möchte sie trotz ihrer Räubereien schonen, weil er auf ihren Heldenmut im Kampf ge-

gen die Türken baut. Götz soll nur gefangengenommen werden und »Urfehde«[1] schwören.
Götz kämpft siegreich gegen das gerichtliche Vollzugsfähnlein seines Kaisers und zieht sich auf seine Burg Jaxthausen zurück. Er schmäht den pfäffischen Unterhändler: »Mich ergeben! Auf Gnad und Ungnad! Mit wem redet ihr! Bin ich ein Räuber! Sag deinem Hauptmann: Vor Ihro Kaiserliche Majestät hab ich, wie immer, schuldigen Respekt. Er aber, sag's ihm, er kann mich – – – (*Schmeißt das Fenster zu.*)«[2] (III,17). Götz verteidigt seine Burg. Man sagt ihm freien Abzug zu, bricht aber das im Namen des Kaisers gegebene Wort und stellt ihn in Heilbronn vor Gericht. Da er mit der Urfehde ein Schuldbekenntnis unterschreiben soll, weigert er sich. Sein Schwager Franz von Sickingen haut ihn heraus. Götz akzeptiert nur ritterliche Haft auf seiner Burg. Als aber aufständische Bauern ihn drängen, ihr Hauptmann gegen die Fürsten zu werden, verläßt er seine Burg, »um ihrer Raserei Einhalt zu tun«. Das mißlingt; er sagt sich wieder los und wird nun von den Bauernführern und den Exekutionssoldaten Weislingens gejagt; nur Zigeuner halten noch zu ihm. Schließlich wird er gefangengenommen und in Heilbronn in den Turm geworfen. Maria fleht vor dem kaiserlichen Kommissar Weislingen um ihres Bruders Leben. Weislingen, der Maria noch immer liebt, zerreißt das unterschriebene Todesurteil und stirbt selber infolge eines Anschlags seiner Frau: »Weh! Weh! Gift von meinem Weibe! – Mein Franz verführt durch die Abscheuliche!« Der Bube Franz stürzt sich aus dem Fenster in den Main. Ein Feme-Gericht verurteilt Adelheid wegen Ehebruchs und Giftmord zum Tod durch »Strang und Dolch«. Götz stirbt im idyllischen Gefängnisgärtlein: »Stirb, Götz – Du hast dich

1 Frieden und Verzicht auf Rache.
2 »Er aber sags ihm, er kann mich im Arsch lecken.« So im Druck von 1773 und in der »Zwoten Auflage« von 1774; später verschwindet das Kraftwort, das seit den *Schriften* 1787 durch Gedankenstriche ersetzt wird.

selbst überlebt, die Edeln überlebt. – [. . .] Schließt eure Herzen sorgfältiger als eure Tore. Es kommen die Zeiten des Betrugs, es ist ihm Freiheit gegeben. Die Nichtswürdigen werden regieren mit List, und der Edle wird in ihre Netze fallen. [. . .] Gebt mir einen Trunk Wasser! – Himmlische Luft – Freiheit! Freiheit! (*Er stirbt.*)
ELISABETH. Nur droben, droben bei dir. Die Welt ist ein Gefängnis.
MARIA. Edler Mann! Edler Mann! Wehe dem Jahrhundert, das dich von sich stieß!
LERSE. Wehe der Nachkommenschaft, die dich verkennt!«
Damit endet das Schauspiel.

Das beeindruckende Jugenderlebnis der Kaiserkrönung, das im Zusammenhang damit durch seinen Vater geweckte und später durch Herder geförderte Interesse an deutscher Geschichte, dazu der eigene Einblick in die Arbeit des Reichskammergerichts während der Auseinandersetzung mit dem Stoff und nicht zuletzt die Lektüre der historischen Dramen Shakespeares sind in dieses Ritter-Drama eingeflossen.

Den eigentlichen Stoff nahm Goethe aus der 1731 erschienenen *Lebens-Beschreibung Herrn Gözens von Berlichingen, Zugenannt mit der Eisern Hand, Eines zu Zeiten Kaysers Maximiliani I. und Caroli V. kühnen und tapfern Reichs-Cavaliers*. Dazu las er Johann Stephan Pütters *Grundriß der Staatsveränderungen des teutschen Reichs* (1764) und Justus Mösers Aufsatz *Von dem Faustrechte* (1770).

Daß es nicht beim bloßen Plan zu dem Schauspiel blieb, ist Goethes Schwester Cornelia zu danken; für die rasche Drucklegung des dramatischen Erstlings sorgte Goethes Freund Heinrich Merck.

Der sogenannte »Urgötz«, die *Geschichte Gottfriedens von Berlichingen mit der eisernen Hand, dramatisirt*, entstand im Herbst 1771, wurde aber erst postum 1832 oder 1833 veröffentlicht. Zuerst gedruckt wurde 1773 die zweite Fassung, von der Goethe 1803/04 und 1809 verschiedene Bühnenbearbeitungen herstellte.

Der historische Götz (Gottfried) von Berlichingen, fränkischer Reichsritter (um 1480 bis 1562), dem 1504 bei der Belagerung von Landshut die rechte Hand abgeschossen worden war und der wegen zahlreicher Fehden 1512 und 1518 geächtet wurde, war nicht das von dem Dichter gezeichnete Idealbild eines deutschen Ritters, sondern ein typischer Angehöriger des materiell schwer bedrängten und verkommenen niederen Adels, dem Fehde und Straßenraub Selbstzweck geworden waren.

Doch Goethe meinte, er »dramatisire die Geschichte eines der edelsten Deutschen, rette das Andenken eines braven Mannes« (an Salzmann, 28. November 1771). Bei ihm ist der Raubritter Götz ein Stürmer und Dränger im historischen Gewand, ein echter Kerl, der sich auf die mittelalterlichen Lehnsverhältnisse beruft, die den Reichsritter unmittelbar dem Kaiser unterstellten. Mit seiner Absage an das sich entwickelnde positive Recht zugunsten des Faustrechts und der alten Feme-Gerichte[3] stand Götz freilich auf verlorenem Posten. Die im Text immer wieder beschworene Rechtschaffenheit des Helden beruht eigentlich auf einer Selbsttäuschung des Autors. Der Konflikt mit den erfundenen Gegenspielern Weislingen und Adelheid von Walldorf bleibt im Bereich des Individuellen. Er kann den anfechtbaren Kern des Absolutismus[4] nicht treffen, solange Götz sich selber zum Kaiser bekennt. Vor dem Hintergrund eines

3 Die keineswegs immer geheimen Feme-Gerichte traten stets bei Tag und unter freiem Himmel und ohne Vermummung zusammen; sie urteilten nicht ohne Vorladung des Beschuldigten und vollstreckten ihr Urteil nur durch den Strang. Auch die Darstellung des »heimlichen Gerichts« im Stil der klassisch-romantischen Geheimbündelei entspricht also mehr dem Geschmack des 18. Jahrhunderts als den historischen Tatsachen.

4 Absolutismus (von lat. *absolutus* ›abgelöst‹): Alleinherrschaft durch einen Monarchen, der oberster Gesetzgeber, Gerichtsherr, Regierungsoberhaupt und Militärbefehlshaber war.

idyllisch-patriarchalischen Freiheitsideals des 18. Jahrhunderts werden die Bauern, die gegen ihre Feudalherren aufstehen, als pöbelhaft ziellose Rebellen, Missetäter, Mörder, Rasende, Mordbrenner, Hunde, Bösewichter usw. verketzert. Der eigene, falsche Freiheitsbegriff wird immer weiter verinnerlicht und schließlich völlig ins Jenseits verdrängt: »Nur droben, droben bei dir. Die Welt ist ein Gefängnis.«

Den Verdacht, er habe das Faustrecht verherrlichen wollen, weist Goethe als Unterstellung zurück. Doch war er sich des persönlichen Vorteils durch die politisch rückschrittliche Tendenz seines Schauspiels wohl bewußt. Im 17. Buch von *Dichtung und Wahrheit*, wo er die Behaglichkeit der Feudalgesellschaft lobt, schreibt er: »Durch ›Götz von Berlichingen‹ aber war ich gegen die obern Stände sehr gut gestellt [...].« Trotz der fehlenden Tragik und der episch breiten Behandlung hat das Schauspiel als Lesedrama sofort Furore gemacht. Denn für die jungen Stürmer und Dränger war Götz, der urige deutsche Kerl, eine taugliche Identifikationsfigur, und die heute als offene Form vertraute Darstellung in 59, später 56 Einzelszenen war damals eine unerhörte Neuerung. Zwar hatte Lessing bereits 1759 in seinem *17. Literaturbrief* das Genie und die Leidenschaftlichkeit Shakespeares über das rationale, französierende Theater gestellt, aber noch hatte kein Autor gewagt, sich so entschieden allein auf die in kräftig unterscheidender Rede dargestellte, lebendig-bunte Vielfalt historischer Figuren zu verlassen. Gottfried August Bürger (1747–94) schrieb am 8. Juli 1773 an Heinrich Christian Boie: »Boie! Boie! Der Ritter mit der eisernen Hand, welch ein Stück! [...] Welch ein durchaus deutscher Stoff! Welch kühne Verarbeitung! Edel und frei wie sein Held tritt der Verfasser den elenden Regelnkodex[5] unter die Füße und stellt uns ein ganzes évé-

5 Die von Aristoteles am antiken Schauspiel festgestellte und von den französischen Klassizisten zur Norm erhobene Einheit von Ort, Zeit und Handlung.

nement[6] mit Leben und Odem bis in seine kleinsten Adern beseelt vor Augen. Erschütterung, wie sie Shakesp. nur immer hervorbringen kann, habe ich in meinem innersten Mark gefühlt. Mitleid! Schrecken! – Grausen, kaltes Grausen, wie wenn einen kalter Nordwind anweht! [...] Gott, Gott, wie lebendig, wie shakespearisch! O, ich kann selbst nicht sagen, wie vortrefflich! – Glück zu dem edlen, freien Mann, der der Natur gehorsamer als der tyrannischen Kunst war.«

Auf dem Rest der Seite schilt Bürger dann alle Franzosen »Sch–kerls« und zitiert vor lauter Begeisterung viermal Götzens Kraftspruch. Goethes *Götz* wurde als literarische Großtat gefeiert und zog eine Flut von Ritterdramen nach sich; für den Zeitraum von 1775 bis 1811 38 Stücke, von denen heute allein Kleists *Käthchen von Heilbronn* (1810) noch öfter aufgeführt wird.

Egmont. Trauerspiel in fünf Akten, erschienen 1788. Uraufführung am 31. März 1791 in Weimar.

Die von den Spaniern unterjochten Niederländer murren: »Die Inquisitionsdiener schleichen herum und passen auf [...]. Wir sind nicht gemacht, wie die Spanier, unsre Gewissen tyrannisieren zu lassen« (I,1). Der niederländische Graf Egmont, der als Prinz von Gaure Untertan des spanischen Königs (Philipp II.) ist, zeigt Verständnis dafür, daß seine Landsleute ihre angestammten Privilegien zurückfordern. Selbst Machiavell, der Sekretär der spanischen Statthalterin, meint, daß es ratsam sei, die Protestanten anzuerkennen, zumal »es einem Könige anständiger ist, Bürger zweierlei Glaubens zu regieren, als sie durch einander aufzureiben« (I,2). Doch die kluge und mäßige Regentin Margarete von Parma, Tochter Karls des Fünften, sieht sich durch den spanischen Hof genötigt, den protestantischen Ketzern und

6 (Frz.) Ereignis, Begebenheit.

Bilderstürmern mit größerer Strenge zu begegnen. Egmonts Freund Wilhelm von Oranien warnt vor dem anrückenden Herzog von Alba und rät, sich zu wappnen. Aber Egmont schlägt die Warnung seiner Freunde in den Wind. Er sagt sich: »Daß ich fröhlich bin, die Sachen leicht nehme, rasch lebe, das ist mein Glück; und ich vertausch es nicht gegen die Sicherheit eines Totengewölbes. [. . .] Wenn ihr das Leben gar zu ernsthaft nehmt, was ist denn dran?« (II,2). Er feiert weiterhin Feste und besucht nächtens Klärchen, seine bürgerliche Geliebte, von der er sich im prächtigen Gewand mit Kette und Goldenem Vlies bewundern läßt. »Sag mir! Sage! ich begreife nicht! bist du Egmont? der Graf Egmont? der große Egmont, der so viel Aufsehn macht, von dem in den Zeitungen steht, an dem die Provinzen hängen?« (III,2).

Der inzwischen eingetroffene Herzog Alba terrorisiert die Bevölkerung und plant, Wilhelm von Oranien und Egmont bei ihrem ersten Besuch in seinem Palast gefangenzunehmen. Während Wilhelm von Oranien, der den Tyrannen richtig einschätzt, nicht erscheint, beantwortet Egmont offen und ehrlich dessen hinterhältige Frage nach politischem Rat mit einem loyalen Plädoyer für die Selbstbestimmung der Niederländer. Am Ende der Unterredung fordert Alba Egmonts Degen und läßt den Verwegenen abführen.

Vergeblich versucht Klärchen die verängstigten Bürger für Egmonts Befreiung zu begeistern. Als sie hört, daß Egmont zum Tode verurteilt und das Blutgerüst schon aufgeschlagen ist, vergiftet sie sich.

Egmont erfährt im Kerker die Genugtuung, daß Albas Sohn Ferdinand ihn liebt und durch den geplanten politischen Mord seinem Vater entfremdet ist. Egmont tröstet Ferdinand: »War dir mein Leben ein Spiegel, in welchem du dich gerne betrachtetest, so sei es auch mein Tod. [. . .] Ich höre auf zu leben; aber ich habe gelebt. So leb auch du, mein Freund, gern und mit Lust, und scheue den Tod nicht!« (V,4).

Klärchens Bild erscheint Egmont im Traum und mischt sich mit der Vision der Freiheit, für die er zu sterben meint.
Goethe hat den Entwurf zum *Egmont*, zu dessen Ausführung er von seinem reichsstolzen, patrizischen und adelsdistanzierten Vater »Tag und Nacht angespornt wurde«, immer wieder zur Seite gelegt. »Dieses lang vertrödelte Stück«, wie Goethe es nannte, ist zwischen 1775 und 1787 in vier Phasen entstanden: 1775, 1778/79, 1782 und 1787. Das heißt, es wurde am Ende der Sturm-und-Drang-Zeit entworfen, aber erst zu Beginn der klassischen Periode während der Italienreise vollendet. Anders als beim *Götz*, *Faust* oder *Wilhelm Meister* sind uns keine früheren Fassungen des *Egmont* erhalten.
Als Quellen benutzte Goethe vor allem *De bello Belgico*, Rom 1640, von dem Jesuiten Famianus Strada (1572–1649) und von dem protestantischen Niederländer Emanuel van Meteren (1535–1612) die HISTORIA, *Oder Eigentliche vnd wahrhaffte Beschreibung aller fürnehmen Kriegshändel / Gedenckwürdigen Geschichten vnd Thaten / so sich in Niderlandt [...] zugetragen haben.*
Der historische Lamoral Graf von Egmont (1522–68) war der Statthalter von Artois und Flandern, den Herzog Alba zusammen mit Graf Hoorn als Führer des niederländischen Aufstandes gegen die Spanier enthaupten ließ. Doch Goethe hat kein historisches Drama, sondern ein Charakterdrama geschrieben. Er sagte später: »Kein Dichter hat je die historischen Charactere gekannt, die er darstellte, hätte er sie aber gekannt, so hätte er sie schwerlich so gebrauchen können. Der Dichter muß wissen, welche Wirkungen er hervorbringen will und danach die Natur seiner Charactere einrichten. Hätte ich den Egmont so machen wollen, wie ihn die Geschichte meldet, als Vater von einem Dutzend Kindern, so würde sein leichtsinniges Handeln sehr absurd erschienen seyn. Ich mußte also einen andern Egmont haben, wie er besser mit seinen Handlungen und meinen dichteri-

schen Absichten in Harmonie stände; und dieß ist, wie Clärchen sagt, mein Egmont« (Eckermann, 31. Januar 1827). Goethes Egmont ist also weder der sechsundvierzigjährige Vater von elf Kindern noch wie Schillers Marquis Posa[7] ein mutiger Mann, der um eine politische Entscheidung ringt, sondern ein liebenswürdiger, charmanter Jüngling, der seinem »Dämon« folgt und sich selbst verwirklicht, indem er einem tyrannischen Machthaber leichtsinnigerweise offen und selbstbewußt entgegentritt. Das heißt, Egmont, dessen existentielle Grundbedingung die freie Äußerung seines Wesens ist, behauptet sich und seine Freiheit im Mut zum offenen Wort. Aber er scheitert damit an der fanatischen Kompromißlosigkeit der Macht. Weil sich der hinterhältige Alba nicht wie der seelenvollere Thoas in der *Iphigenie* durch die vorbehaltlose Offenheit seines Gegners entwaffnen läßt (vgl. S. 100ff.), muß Egmont sterben.
Am Beispiel Egmonts versuchte Goethe später im letzten Buch von *Dichtung und Wahrheit* seinen Begriff des Dämonischen zu erläutern. Er habe das Dämonische als etwas Ungeheures, Unfaßbares, angesehen, etwas, »das sich nur in Widersprüchen manifestierte [...]. Es war nicht göttlich, denn es schien unvernünftig, nicht menschlich, denn es hatte keinen Verstand, nicht teuflisch, denn es war wohltätig, nicht englisch, denn es ließ oft Schadenfreude merken. Es glich dem Zufall, denn es bewies keine Folge, es ähnelte der Vorsehung, denn es deutete auf Zusammenhang. [...] Am furchtbarsten aber erscheint dieses Dämonische, wenn es in irgend einem Menschen überwiegend hervortritt. [...] Es sind nicht immer die vorzüglichsten Menschen, weder an Geist noch an Talenten, selten durch Herzensgüte sich empfehlend; aber eine ungeheure Kraft geht von ihnen aus, und sie üben eine unglaubliche Gewalt über alle Geschöpfe, ja sogar über die Elemente, und wer kann sagen, wie weit sich eine solche Wirkung erstrecken wird? Alle vereinten sittli-

7 Vgl. das Schauspiel *Don Carlos*, das Schiller 1782 als Familientragödie entworfen und 1787 als politisches Ideendrama abgeschlossen hat.

chen Kräfte vermögen nichts gegen sie; vergebens, daß der hellere Teil der Menschen sie als Betrogene oder als Betrüger verdächtig machen will, die Masse wird von ihnen angezogen. Selten oder nie finden sich Gleichzeitige ihresgleichen, und sie sind durch nichts zu überwinden, als durch das Universum selbst, mit dem sie den Kampf begonnen; und aus solchen Bemerkungen mag wohl jener sonderbare aber ungeheure Spruch entstanden sein: Nemo contra deum nisi deus ipse.« Der lateinische Spruch »Niemand gegen Gott, es sei Gott selbst« ist das Motto des letzten Teils von *Dichtung und Wahrheit*. Die Autobiographie schließt mit dem Zitat des Schicksalsbildes, mit welchem Egmont die ihm fremden Bedenken des Sekretärs (II,2) abwehrt: »Kind! Kind! nicht weiter! Wie von unsichtbaren Geistern gepeitscht, gehen die Sonnenpferde der Zeit mit unsers Schicksals leichtem Wagen durch; und uns bleibt nichts, als mutig gefaßt die Zügel festzuhalten, und bald rechts, bald links, vom Steine hier, vom Sturze da, die Räder wegzulenken. Wohin es geht, wer weiß es? Erinnert er sich doch kaum, woher er kam« (vgl. »Urworte. Orphisch«, S. 80).
Schiller, der selber in seinem gerade vollendeten *Don Carlos* einen Alba auf die Bühne gestellt hatte und für seine *Geschichte des Abfalls der Niederlande* dieselben Quellen wie Goethe bearbeitete, kritisierte an Goethes *Egmont* das Fehlen der dramatischen Handlung. Er anerkennt zwar Egmonts »schöne Humanität«, doch nicht die innere Tragik des dämonischen Charakters. Darum fragt er: »Was tut er eigentlich Großes? [. . .] Wir sind nicht gewohnt, unser Mitleid zu verschenken.«[8] Die Schlußapotheose, die ähnlich wie der Schluß des *Götz* die gefeierte Freiheit der Wirklichkeit entrückt, empfindet Schiller gar als »einen Salto mortale in eine Opernwelt«.

8 »Über Egmont, Trauerspiel von Goethe«, in: *Schillers Werke*, Nationalausgabe, Bd. 21, hrsg. von Herbert Meyer, Weimar 1958, S. 199–209. Zitiert nach: Hans Wagener, *Erläuterungen und Dokumente: Johann Wolfgang Goethe, »Egmont«*, Stuttgart 1974, S. 79f.

Volkmar Braunbehrens[9] sieht im *Egmont*, besonders in der Szene Egmonts mit seinem Sekretär (II,2), einen durchaus kritischen Fürstenspiegel für Herzog Carl August von Weimar. Braunbehrens schreibt: »Egmonts Liberalität entspricht nicht einer genau verfolgten politischen Konzeption, sondern einem Pragmatismus, der sich in seinen eigenen Widersprüchen rettungslos verfängt. [...] Solche Widersprüche hat Goethe stets – zu Recht – als unordentliche Regierungsführung kritisiert.« Braunbehrens verweist auf Ähnlichkeiten zwischen Egmont und dem Herzog, dem das Stück nicht gefallen hat.

Iphigenie auf Tauris. Ein Schauspiel in fünf Aufzügen. 1779 erste Prosafassung, 1780 erste Versfassung in freien Rhythmen, 1781 zweite Prosafassung, 1786 zweite Versfassung in Blankversen. Erstdruck 1787. Uraufführung der Erstfassung am 6. April 1779 und der letzten Fassung am 15. Mai 1802 in Weimar.

Der Stoff zu diesem Schauspiel stammt aus der griechischen Tantalidensage:

Der Titan Tantalos, den Zeus an die Tafel der Olympier geladen hatte, erkühnte sich, die Allwissenheit der Götter auf die Probe zu stellen, indem er ihnen Pelops, seinen eigenen Sohn, zum Essen vorsetzte. Zur Strafe dafür verbannte Zeus Tantalos zu ewigen Qualen in die Unterwelt und verfluchte seine Nachkommen.

Zu diesen Nachkommen des Tantalos gehören unter anderen Atreus mit seinen Söhnen Agamemnon und Menelaos: Von Agamemnon und Klytaimnestra stammen die Geschwister Iphigeneia, Elektra und Orest. Agamemnons Bruder Menelaos ist mit Helena vermählt, die durch Paris, den Sohn des trojanischen Königs Priamos, geraubt wird.

Als die Griechen dieses Raubes wegen in Aulis zum Kampf

9 »Egmont, das lang vertrödelte Stück«, in: *Text + Kritik* (S. 65, Anm. 58), S. 84–100.

um Troja aufbrechen, fehlt es der Flotte an günstigem Wind. Die Jagdgöttin Artemis (Diana) will diesen gewähren, wenn Agamemnon ihr die schönste seiner Töchter opfert. Agamemnon lockt Iphigeneia unter dem Vorwand, sie mit Achilleus vermählen zu wollen, von Mykene nach Aulis und opfert sie. Artemis entführt Iphigeneia in einer Wolke vom Opferaltar auf die taurische Halbinsel, wo sie als Priesterin der Göttin, dem Brauch der barbarischen Skythen widerwillig folgend, Menschen, die es als Fremde an die Küsten der Krim verschlagen hat, opfern muß.

Klytaimnestra ist über die Opferung Iphigeneias empört. Als Agamemnon nach der Eroberung Trojas heimkehrt, wirft sie ein Netz über den Badenden und läßt ihn durch ihren Liebhaber Aigisthos ermorden.

Orest, der bei seinem Onkel Strophios mit dessen Sohn Pylades aufgewachsen ist, wird vom delphischen Apollon zur Rache an Aigisthos und Klytaimnestra aufgefordert und nach dem Vollzug der Rache, wegen des Muttermordes, von den Erinnyen (Eumeniden, wörtlich: »die Wohlmeinenden«; Furien) verfolgt. Das Delphische Orakel verspricht ihm Erlösung, wenn er die hölzerne Kultfigur der taurischen Artemis nach Griechenland bringt.

Hier beginnt die taurische Episode:

Als Orest und Pylades nach Taurien kommen, erkennt Iphigeneia ihren Bruder. Sie hintergeht mit ihm und Pylades den Taurerkönig Thoas und entkommt mit dem geraubten Götterbild nach Griechenland. Der von den Erinnyen erlöste Orest wird König im heimischen Mykene. Elektra heiratet Pylades, während Iphigeneia Priesterin der in Attika aufgestellten Artemis Tauropolos[10] bleibt.

Diese Geschichte der Atriden, die Goethe in den Szenen I,2, II,2 und III,1 zusammenfaßt, ist häufig bearbeitet worden. Das älteste der erhaltenen Schauspiele über *Iphigenie bei den Taurern* stammt von Euripides (um 412 v. Chr.). Im 16.

10 Den Namen *Tauris* hat Goethe in Anlehnung an *Aulis* und Racines *Tauride* erfunden.

und 17. Jahrhundert erfreuten sich besonders die Liebes- und Freundschaftsmotive der taurischen Episode großer Beliebtheit in französischen Dramen und Opern. 1737 hatte Johann Elias Schlegel (1719–49) ein Drama *Die Geschwister in Taurien* verfaßt. Und kurz vor der Uraufführung von Goethes Schauspiel hatte man 1779 das Musikdrama *Iphigénie en Tauride* von Christoph Willibald Ritter von Gluck (1714–87) in Weimar gespielt. Goethe hat die erste Prosafassung seiner *Iphigenie* zwischen dem 14. Februar und dem 28. März 1779 niedergeschrieben. In dieser Zeit war er amtlich vielbeschäftigt. Er mußte sich um die Aushebung von Rekruten, die Arbeitslosigkeit in der Strumpfmanufaktur und den Streit der Viehzüchter um die Triftrechte kümmern. Der äußere Anlaß, »das durchaus Scheißige dieser zeitlichen Herrlichkeit« (an Merck, 22. Januar 1776) mit dem Ideal »gelingender Menschlichkeit« am Beispiel einer klassischen Heldin zu kontrastieren, war der Umstand, daß der Weimarer Hof, an dem der Einfluß der Frauen auf die Gesittung durch die Herzoginmutter Anna Amalia und Frau von Stein bereits Tradition hatte, die Geburt einer Prinzessin festlich begehen wollte. Das Schauspiel war also von Anbeginn als Vorbild mit Aufforderungscharakter gemeint. Bei seiner Uraufführung am 6. April 1779 durch das Herzoglich weimarische Liebhabertheater auf Schloß Ettersburg bei Weimar übernahm Corona Schröter, die einzige Berufsschauspielerin, die Titelrolle.[11] Goethe selbst spielte den Orest.[12] Prinz Konstantin, später auch Herzog

11 Aufsehen erregte ihr original griechisches Gewand; denn bis dahin waren auch die mythologischen Stoffe in zeitgenössischer Rokoko-Kleidung inszeniert worden.

12 Die Rolle des Orest war der Höhepunkt in Goethes Schauspielpraxis. Vgl. Luise von Göchhausen am 12. April 1779 an Goethes Mutter: »[...] nur soviel [...], daß er seinen Orest meisterhaft gespielt hat. Sein Kleid, so wie des Pylades seins war Grigisch, und ich hab ihm [*sic!*] in meinem Leben noch nicht so schön gesehn.« Und des Herzogs Leibarzt Hufeland in seinen Erinnerungen (1833): »Nie werde ich den Eindruck vergessen, den er als Orest im griechischen Costüm in der Darstellung seiner Iphigenie machte. Man glaubte einen Apollo zu se-

Carl August spielten den Pylades; Knebel[13] den Thoas und der Sekretär Seidler den Arkas.
Goethes Schauspiel, das die klassischen Einheiten (Ort, Zeit und Handlung) wahrt, war nicht wie das antike Schauspiel für Tausende von Zuschauern berechnet, sondern für Laienspieler auf einer intimen Behelfsbühne. Es weicht geringfügig, aber entscheidend von dem des Euripides ab: Bei Goethe greift Iphigenie nicht mehr zu betrügerischer List, sondern sie begegnet dem Skythen Thoas mit dem Wagnis des Vertrauens. Allerdings ist Thoas bei Goethe auch kein richtiger Barbar mehr, sondern eher eine Verkörperung des »edlen Wilden«, der wohl um die Hand Iphigeniens werben durfte. Er ist es, der mit seiner Entsagung schließlich den Weg für die Verwirklichung der schönen Menschlichkeit frei macht und mit seinem Verzicht die Zeche zahlt. Überhaupt geht es bei Goethe, anders als bei Euripides, weniger um die Götter als um die Menschen, die sich aus dem der Erbsünde verwandten Atridenfluch befreien wollen.
So stellt Iphigenie in ihrem verzweifelten Gebet: »Rettet mich / Und rettet euer Bild in meiner Seele!« (V. 1716f.) bewußt ihre rückhaltlose Tugendentscheidung gegen die im Parzenlied beklagte Willkür der Götter.
Und auch Apolls Orakelspruch: »Bringst du die Schwester, die an Tauris' Ufer / Im Heiligtume wider Willen bleibt, / Nach Griechenland, so löset sich der Fluch« (V. 2113–15) wird bei Goethe schließlich umgedeutet und nicht auf das Götterbild der Artemis, sondern auf Iphigenie, die Schwester des Orest, bezogen, wodurch sich der fragwürdige Tempelraub erübrigt.
Die Kommentare aber, die bei Euripides vom Chor gesprochen wurden, die Abwägung der Motive und die Darstel-

hen. Noch nie erblickte man eine solche Vereinigung physischer und geistiger Vollkommenheit und Schönheit in einem Manne als damals an Goethe.«

13 Karl Ludwig von Knebel (1744–1834), 1744 als Erzieher des Prinzen Konstantin nach Weimar berufen, Goethes *Urfreund*.

lung der miteinander ringenden Gefühle des inneren Seelendramas stehen bei Goethe so sehr im Vordergrund, daß Schiller, der 1802 die Uraufführung der Blankversfassung besorgte, den Mangel an äußerer Dramatik beklagte. Er meinte: »Ohne Furien ist kein Orest.«[14]

Als Huldigung an die höfische Frau sollte Goethes *Iphigenie* »nicht ganz mit Glanzleinwand-Lumpen gekleidet« sein. Die ebenso kühne wie erhabene These: »Alle menschliche Gebrechen / Sühnet reine Menschlichkeit« verlangte nach hohem Stil. Darum empfahl Wieland, »die schlotternde Prosa in einen gemeßneren Schritt« zu überführen. Goethe übertrug den Text 1780 in freie Jamben und 1781 wieder in »poetische Prosa«. Erst 1786 in Rom, unter dem Einfluß von Karl Philipp Moritz (1756–93) und dessen *Versuch einer deutschen Prosodie* (1786), gelang ihm die Fassung in dem 1779 durch Lessings *Nathan* in Deutschland eingeführten Blankvers.[15]

Die klassische symmetrische Gestalt, der idealisch übersteigerte Gehalt, die äußerlich statische Seelendramatik und der hohe Stil, der Götter, Helden und Barbaren unterschiedslos in wohllautendem Parlando reden läßt,[16] haben nicht nur

14 Er schrieb: »Für eine Tragödie ist in der Iphigenie ein zu ruhiger Gang, [. . . sie wirke] poetisch nicht tragisch« (an Goethe, 26. Dezember 1797). »Sie ist ganz nur sittlich; aber die sinnliche Kraft, das Leben, die Bewegung und alles, was ein Werk zu einem ächten dramatischen specificirt, geht ihr sehr ab« (an Körner, 21. Januar 1802). Es gebe »zuviel moralische Casuistik«. Aber: »Es gehört nun freilich zu dem eigenen Charakter dieses Stücks, daß dasjenige, was man eigentlich Handlung nennt, hinter den Koulissen vorgeht, und das Sittliche, was im Herzen vorgeht, die Gesinnung, darin zur Handlung gemacht ist und gleichsam vor die Augen gebracht wird« (an Goethe, 22. Januar 1802). »Verstand und Gefühl finden reichen Genuß, aber die Phantasie wird vielleicht nicht befriedigt« (an Körner, 30. Januar 1802).

15 Vgl. *Goethes Iphigenie auf Tauris. In vierfacher Gestalt*, hrsg. von Jakob Baechtold, Freiburg i. Br. / Tübingen 1883.

16 Im fünfhebigen Jambus mit Enjambement und Stichomythie; manchmal beschleunigt durch vier- oder dreihebige daktylisch-trochäische Tempi; im Parzenlied gemessen schreitende Amphibrachen.

Beifall hervorgerufen. Goethe selber fand die letzte Fassung seines »gräcisirenden Schauspiels« »ganz verteufelt human« (an Schiller, 19. Januar 1802) und schrieb: »Mit der ›Iphigenie‹ ist mir unmöglich etwas anzufangen« (an Schiller, 19. März 1802). Darum hat Schiller die Inszenierung der Erstaufführung übernommen. Leider ist seine Bearbeitung für den 15. Mai 1802 nicht erhalten geblieben.
Die Literaturhistoriker haben Goethes *Iphigenie* später als aufklärerisches Humanitätsdrama neben Lessings Schauspiel *Nathan der Weise* gestellt und den Schulen zur unterrichtlichen Behandlung empfohlen.
Hegel würdigte Goethes *Iphigenie* 1818 durch einen Vergleich mit Euripides und lobte: »Was bei Euripides der *Befehl* Athenes zuwege bringt, die Umkehrung des Thoas, sucht Goethes Iphigenie durch tiefe Empfindungen und Vorstellungen, welche sie ihm [Thoas] entgegenstellt, zu bewirken und bewirkt sie in der Tat.«[17]
Emil Staiger hält Iphigeniens tiefe Empfindungen und Vorstellungen, welche sie Thoas entgegenstellt, 1952 »für eine fast evangelisch-unbefangene Güte«, und die Umkehr des Skythen für ein »Wunder«.[18]
Wolfdietrich Rasch dagegen hebt 1979 hervor, »daß Iphigenie sich gegen genau die gleichen religiösen Gesinnungen und Maßnahmen wendet, die von der Aufklärung bekämpft werden: göttliche Willkür, Grausamkeit und Ungerechtigkeit, der über ganze Geschlechter ausgedehnte Haß der Götter und Forterben des Fluches (Erbsünde), die Tötung von Menschen im Namen und vorgeblich nach dem Willen eines Gottes. Der Hinweis auf einen durch Überlieferung legitimierten ›heiligen Gebrauch‹ (V. 527–530) ist für Iphigenie wie für die Aufklärung bedeutungslos, wenn dieser Gebrauch ein Unrecht, etwas moralisch Verwerfliches sanktionieren will. Gemeinsam ist die Vorstellung einer absolut

17 *Werke*, Bd. 10,1, Berlin ²1842, S. 287f.
18 *Goethe*, Bd. 1, S. 380.

guten, auch nach menschlichen Begriffen eindeutig guten Gottheit, die weder im griechischen Mythos noch im Gottesbild der christlichen Kirche vorhanden war.«[19]

Theodor W. Adorno sieht in Iphigeniens idealistischer Tugendentscheidung einen Schwachpunkt des Schauspiels. Er schreibt 1967: »Das Gefühl einer Ungerechtigkeit, die darum dem Schauspiel zum Schaden gereicht, weil es objektiv, der Idee nach beansprucht, mit Humanität realisiere sich Gerechtigkeit, rührt daher, daß Thoas, der Barbar, mehr gibt als die Griechen, die ihm, mit Einverständnis der Dichtung, human überlegen sich dünken. Goethe, der das zur Zeit der endgültigen Niederschrift muß innerviert haben, hat all seine Kunst daran gewendet, das Stück vor dem Einwand zu behüten; der Verlauf der Iphigenie in ihren späteren Akten ist die Apologie von Humanität gegen ihr immanent Inhumanes.

[Iphigenie achtet ...] das Gebot von Wahrheit und verrät wie sich selbst die Ihren, die einzig dank der Humanität des Barbaren gerettet werden. [...] Man merkt die Absicht und man wird verstimmt. Das Meisterwerk knirscht in den Scharnieren: damit verklagt es den Begriff des Meisterwerks.«[20]

Hubert Ivo findet Iphigeniens Tugendentscheidung bedenklich. Er schreibt 1973: »Pylades versucht klug berechnend die Situation zu meistern. [...] Dagegen scheint Iphigeniens Handlungsweise in hohem Maße bedenklich. Nun gut: wenn sie glaubt, durch unbedingtes Vertrauen zu Thoas diesem die Möglichkeit zu einem menschlichen Menschen eröffnen zu sollen und zu können, so ist dies ein Risiko, das einzugehen so lange in ihr eigenes Belieben gestellt sein mag, als sie allein davon betroffen ist. Mit welchem Recht aber zieht sie so viele andere – ungefragt – in dieses

19 *Goethes »Iphigenie auf Tauris« als Drama der Autonomie*, München 1979, S. 112f.

20 »Zum Klassizismus von Goethes *Iphigenie*«, in: Th. W. A., *Noten zur Literatur IV*, Frankfurt a. M. 1974, S. 25f.

Risiko hinein? Lassen wir uns durch die Form des Schauspiels nicht täuschen!«[21]

Hans Robert Jauß konstatiert in der *Iphigenie* sogar die Rückkehr des Mythos, er schreibt 1973: »Goethes ›Iphigenie‹ antwortet auf die Frage, durch welche Kraft der Mensch aus der Verstrickung in Natur und der Abhängigkeit von göttlicher Willkür befreit und zum Bewußtsein seiner Humanität erhoben werden kann. Die Antwort [...] ist nicht allein die *unerhörte Tat*, sondern daß es *Iphigenie* ist, die sie vollbringt und die *allein sie* zu vollbringen vermag. [... Die] über alle Vernunft hinausreichende Kraft des rein Weiblichen oder weiblich Reinen, offenbart am Ende die Schlußrede Orests: *Gewalt und List, der Männer höchster Ruhm, / wird durch die Wahrheit dieser hohen Seele / beschämt* (V. 2142f.). Im Rückgang vom humanen Wagnis der wahren Rede auf die erlösende Gewalt des rein Weiblichen kehrt der überwundene Mythus in Goethes Zivilisationsdrama zurück.«[22]

Christa Bürger sieht ein Problem der *Iphigenie* in der lebensfernen und anachronistischen Kunstautonomie des Schauspiels; sie schreibt 1977: »Das an der Praxisfunktion der Kunst zunächst festhaltende bürgerliche Lesepublikum fügt sich diesem Autonomieanspruch der Kunst nicht und wendet sich von diesen Werken ab, die seine Bedürfnisse nach Praxisorientierung nicht erfüllen.«[23]

Tatsächlich machte sich Martin Walser bereits 1964 über die Weltfremdheit des Schauspiels lustig: »Iphigenie ein Mensch wie Du und ich. [...] In Goethes klassischen Stük-

21 »Die politische Dimension des Deutschunterrichts. Zum Beispiel: Goethes *Iphigenie*«, in: *Diskussion Deutsch*, Sonderband 1973, S. 21.

22 »Racines und Goethes *Iphigenie* – Mit einem Nachwort über die Partialität der rezeptionsästhetischen Methode«, in: *Rezeptionsästhetik*, hrsg. von Rainer Warning, München 1975, S. 375f.

23 *Der Ursprung der bürgerlichen Institution Kunst. Literatursoziologische Untersuchungen zum klassischen Goethe*, Frankfurt a. M. 1977, S. 205.

ken treten nur noch Weimaraner auf. Iphigenies Salto ins pure Wahrhaftige, mit dem sie immerhin auch das Leben von zwei weiteren, sagen wir einmal, Menschen riskiert, dieser Salto wäre in jedem anderen Raum schlimmster leutnantshafter Leichtsinn. Aber Thoas ist Weimaraner. Darauf kann Iphigenie zählen. Insofern ist es dann doch kein so großes Risiko.«[24]

Erika Fischer-Lichte dagegen rechtfertigt die klassische Form und die höfisch-adlige Lebensform in der *Iphigenie* als Voraussetzung für die Entfaltung der Humanität; sie erläutert 1977: »[Zunächst . . .] die Frage, wieso Goethe den ›aufklärerischen Gehalt‹ der bürgerlichen Emanzipationsbestrebungen in der ›Form‹ der Tragédie classique und nicht etwa in der des bürgerlichen Dramas [. . .] realisiert hat. [. . .] Die Ideale der Mündigkeit, der Emanzipation wurden von der Aufklärung nicht als Ideale der bürgerlichen Klasse verstanden und propagiert, sondern als Ideale der Menschheit, deren Realisierung von der bürgerlichen Klasse im Namen der Menschheit und für die Menschheit erkämpft werden sollte. [. . .] Adlige Lebensformen galten Goethe als Voraussetzung für die allseitige Entfaltung der Persönlichkeit, nicht der Adel als gesellschaftliche Klasse. [. . .] In diesem Kontext ist die Wahl der Form der Tragédie classique zu verstehen. [. . .] sie war Ausdruck höfisch-adliger Lebensform. Daraus läßt sich also keineswegs der Schluß ziehen, Goethe habe in der *Iphigenie* ein Stück höfischer Repräsentationskunst geschaffen, auch wenn das Stück zunächst nur am Hof aufgeführt wurde. Vielmehr sollte durch die Rückbindung der bürgerlichen Ideale an die höfisch-adlige Lebensform auf die spezifischen Bedingungen hingewiesen werden, unter denen allein Goethe jene Ideale für realisierbar hielt. [. . . Nur weil Iphigenie], freigesetzt von der Not des menschlichen Lebens, im Tempel der Göttin

24 »Imitation oder Realismus«, in: M. W., *Erfahrungen und Leseerfahrungen*, Frankfurt a. M. ³1969, S. 77.

›wohl bewahrt‹ (V. 1653) geblieben ist, kann sie ihre ›unerhörte Tat‹, die zwischenmenschlichen Beziehungen auf ›Vertrauen‹ und ›Wahrheit‹ aufzubauen, begehen.«[25]

Torquato Tasso. Ein Schauspiel in fünf Aufzügen, entstanden in den Jahren 1780/81 und 1788/89, im Druck erschienen 1790, uraufgeführt am 16. Februar 1807 in Weimar.[26]

Torquato Tasso (1544–95) war ein italienischer Dichter der Spätrenaissance. Sein Epos *La Gierusalemme liberata* (1581) hatte Goethe bereits in Frankfurt gelesen. Dem Schauspiel liegt die 1785 in Rom erschienene Biographie des Abbate Pierantonio Serassi zugrunde.

Alfons der Zweite, Herzog von Ferrara, ist ein Mäzen[27]. Seine Schwester, Prinzessin Leonore von Este, und deren Freundin, Leonore Sanvitale, Gräfin von Scandiano, winden Lorbeer- und Blumenkränze im Garten seines Lustschlosses Belriguardo. Sie setzen die Kränze auf die Hermen[28] Vergils und Ariosts und sprechen über den Dichter Tasso, der auf Belriguardo zu Gast ist.

Tasso überreicht dem Herzog sein eben abgeschlossenes Epos und empfängt dafür aus der Hand der Prinzessin, die er leidenschaftlich verehrt, den Lorbeer vom Marmorhaupt Vergils. Tasso deutet diese höfische Geste[29] existentiell:

25 »Probleme der Rezeption klassischer Werke – am Beispiel von Goethes *Iphigenie*«, in: *Deutsche Literatur zur Zeit der Klassik* (S. 76, Anm. 74), S. 132f.

26 Die überlieferte Fassung ist in Blankversen geschrieben, die fragmentarische Prosafassung von 1780/81 ist nicht erhalten.

27 Kunstfreund, Gönner, Förderer von Künstlern (nach dem Römer Maecenas).

28 Eine Herme ist ein rechteckiger Pfeiler, der oben die plastische Darstellung eines Kopfes trägt, ursprünglich nur den des Hermes; später trugen Hermen dann auch die Köpfe anderer Götter oder eben berühmter Männer.

29 Vgl. »LEONORE. [. . .] Hättest du / Für seine Mühe, seine schöne Dichtung / Bescheidnern Lohn doch selbst nicht finden können«

»O laßt mich zögern! Seh' ich doch nicht ein / Wie ich nach dieser Stunde leben soll« (V. 474f.). Er ist entzückt (V. 561).

Der Staatssekretär Antonio Montecatino, der den Herzog in diplomatischer Mission in Rom erfolgreich vertreten hat, neidet Tasso den Lorbeer und die Gunst der Frauen (V. 2020). Darum lobt er angesichts der blumenbekränzten Herme Ariosts: »Wer neben diesen Mann sich wagen darf, / Verdient für seine Kühnheit schon den Kranz« (V. 734f.). Dieses zweifelhafte Lob kränkt Tasso.

Die Prinzessin meint, daß Tasso und Antonio einander verkennten, und möchte, daß sie sich wechselseitig würdigen und schätzen lernen. Ihr zuliebe bietet Tasso Antonio »ohne Zögern Herz und Hand« (V. 1200). Doch Antonio schlägt nicht ein. Seine klügelnde Zurückhaltung wird durch die Beharrlichkeit beider für Tasso immer beleidigender; schließlich zieht Tasso den Degen.

Der Herzog tritt dazwischen und beordert Tasso auf dessen Zimmer. Tasso, der eben noch Entzückte, ist ob dieser Wendung bestürzt. Denn er nimmt auch diese milde formale Rüge[30] als schwere Bestrafung. Er betrachtet sich als verbannt und gefangen und legt darum mit seinem Degen auch den Lorbeer ab: »Die Krone kleidet den Gefangnen nicht: / [. . .] / Geselle dich zu diesem Degen, der / Dich leider nicht erwarb! um ihn geschlungen, / Ruhe, wie auf dem Sarg der Tapfern, auf / Dem Grabe meines Glücks und meiner Hoffnung!« (V. 1571 u. 1591–94).

Der Herzog (V. 1625f.) und die Gräfin (V. 2176) fordern Antonio als den vermeintlich Klügeren (V. 1620) auf, für Versöhnung zu sorgen. Doch im Grunde möchte die Gräfin den Dichter lieber mit nach Florenz nehmen, um »in seinem schönen Geiste / Sich selber zu bespiegeln« (V. 1928f.). In

(V. 2022–24). Tasso sei »mit einem holden Zeichen nur belohnt« (V. 2029). »Ein unfruchtbarer Zweig ist das Geschenk« (V. 2032), »ein Phantom / Von Gunst und Ehre« (V. 2047f.).

30 »Das schwache Band, das [. . . ihn] zu fesseln schien« (V. 2554).

ihrem Gespräch mit Tasso zeigt sich dieser zur Versöhnung nicht mehr bereit, vielmehr präzisiert er die Züge, die er an Antonio haßt: »Verdrießlich fiel mir stets die steife Klugheit, / Und daß er immer nur den Meister spielt« (V. 2289 f.). »[...] er weiß / So glatt und so bedingt zu sprechen, daß / Sein Lob erst recht zum Tadel wird, und daß / Nichts mehr, nichts tiefer dich verletzt, als Lob / Aus seinem Munde« (V. 2309–12). Ja, Tasso weigert sich trotzig, Antonio gerecht zu werden (V. 2339–53). Er fühlt sich von der Gräfin und auch von allen anderen hintergangen und will sich nun selbst verstellen. Er möchte Belriguardo verlassen.

Vergeblich sind Antonios förmliche Entschuldigung und sein Rat, zu bleiben. Tasso verlangt, daß Antonio sich für seine Abreise beim Herzog verwende und verdächtigt zugleich Antonios Hilfe als List, ihn zu vertreiben. In seinem Verfolgungswahn hört Tasso noch in dem naiven, aber wohlmeinenden Rat des Herzogs: »[...] entreiße dich dir selbst! / Der Mensch gewinnt, was der Poet verliert« (V. 3077 f.), »nur Antonios Stimme« kalter Vernunft (V. 3103).

Erst die eindringlichen Worte der Prinzessin: »Ich muß dich lassen, und verlassen kann / Mein Herz dich nicht« (V. 3220 f.) überzeugen Tasso von der Aufrichtigkeit seiner Freundin. Nun aber ist er wiederum so außer sich vor Glück, daß er die Mahnung der Prinzessin überhört: »So mäßige die Glut, die mich erschreckt« (V. 3266). »Er fällt ihr in die Arme und drückt sie fest an sich.« Dadurch verscherzt er den geziemenden Abschied von der im Aufbruch Begriffenen, die ihn von sich stoßend hinwegeilt.

Im Schmerz über die selbstverschuldete Zurückweisung kommt Tasso zu der tieferen Selbsterkenntnis seines Dichtertums: »Und wenn der Mensch in seiner Qual verstummt, / Gab mir ein Gott, zu sagen, wie ich leide« (V. 3432 f.). Seine letzten Worte gelten Antonio, der ihn bei der Hand nimmt: »Ich fasse dich mit beiden Armen an! / So

klammert sich der Schiffer endlich noch / Am Felsen fest, an dem er scheitern sollte« (V. 3451–53).
Goethes *Tasso* ist »ein gesteigerter Werther«.[31] Als Kern dieses Charakterdramas bezeichnete Goethe *die Disproportion des Talents mit dem Leben*. Diese Disproportion wurzelt in den unterschiedlichen Auffassungen und Bewertungen von Talent und Leben seitens der Figuren.
Tasso verabsolutiert die Kunst. Für ihn bedeutet sie die Möglichkeit, das goldene Zeitalter (V. 975–977) zurückzuholen oder zu erneuern. In der Bemühung darum verwirklicht er sich selbst. Er sagt: »Wenn ich nicht sinnen oder dichten soll, / So ist das Leben mir kein Leben mehr« (V. 3081 f.). Die Grundlage für seinen Gesang bildet das existentielle Erleben; dessen wird er sich am Ende klar bewußt: »Und wenn der Mensch in seiner Qual verstummt, / gab mir ein Gott, zu sagen, wie ich leide« (V. 3432 f.).
Für Tassos Mäzen Alfonso und dessen Sekretär Antonio hat die Kunst dem Staat zu dienen, indem sie den Glanz des Fürsten und seines Hofes steigert. Alfonso sagt: »Ein Feldherr ohne Heer scheint mir ein Fürst, / Der die Talente nicht um sich versammelt« (V. 2846 f.). Schon darum möchte Alfonso, daß der »kluge Medicis ihn [Tasso] nicht entwende« (V. 2842).
Ähnlich, nur persönlicher sieht die Gräfin Sanvitale den Nutzen der Kunst: Sie möchte das »Herz und die Talente [Tassos ...] besitzen / [denn ...] herrlich ist's, im Glanze dieses Lebens / Ihn an der Seite haben! [...] / Das was vergänglich ist, bewahrt sein Lied« (V. 1918–50). Aber genaugenommen ist »seine schöne Dichtung« für sie doch nur etwas, das »in den Lüften schwebt, in Tönen nur, / In leichten Bildern unsern Geist umgaukelt« (V. 2026 f.).

31 In einem Gespräch mit Eckermann schreibt Goethe diese Formulierung dem Franzosen Jean-Jacques Ampère zu: »Sehr treffend nennt er daher auch den ›Tasso‹ einen gesteigerten ›Werther‹« (3. Mai 1827). Ampère hatte aber nur geschrieben: »Mir scheint er selbst [Goethe] spricht aus dem Munde des Tasso, und durch diese harmonische Poesie hört man den Werther durch.«

Nur die Prinzessin, eine sogenannte »schöne Seele«[32], versteht Tassos Anliegen. Doch die Platonikerin hält das goldene Zeitalter für eine Illusion, und selbst dort gilt für sie nicht Tassos Wahlspruch arkadischer Ursprünglichkeit »Erlaubt ist, was gefällt« (V. 994), sondern das »Erlaubt ist, was sich ziemt« (V. 1006)[33] seines Gegners. Das heißt, sie schreckt davor zurück, sich Tassos unbedingter Vision auszuliefern und unterwirft statt dessen die Kunst der Schicklichkeit. Sie meint: »Zu fürchten ist das Schöne, das Fürtreffliche, / Wie eine Flamme, die so herrlich nützt, / Solange sie auf deinem Herde brennt, / Solang' sie dir von einer Fackel leuchtet, / Wie hold! wer mag, wer kann sie da entbehren? / Und frißt sie ungehütet um sich her, / Wie elend kann sie machen!« (V. 1840–46).

Doch das, was sich bei Hofe ziemt, läuft auf Tabuisierungen und Verhüllung wahrer Beweggründe hinaus: Das Nützlichkeitsdenken des Mäzens, der Neid und die unbeherrschte Kränkungslust des Diplomaten, die Eitelkeit und Selbstsucht der gräflichen Freundin sowie der Kleinmut der schönen Seele verbergen sich hinter schönen, klugen und freundlichen Reden.

Tasso nimmt die verheißungsvollen Worte Alfonsos, dessen lobende und tadelnde Gesten ernster, als sie gemeint sind, bis er die durchgängige Uneigentlichkeit der höfischen Rede gewahrt und daraufhin alles für Lüge, List und Intrige hält. Indem die Prinzessin Tasso von der Echtheit ihrer Neigung überzeugt, befreit sie ihn aus seinem Verfolgungswahn. Es gelingt ihr jedoch nicht, den nun wiederum existentiell Beglückten zugleich im formwahrenden geziemenden Abstand zu halten.

32 Vgl. »Die Bekenntnisse einer schönen Seele« im 6. Buch von *Wilhelm Meisters Lehrjahren* und die Figur der Makarie in den *Wanderjahren* sowie die Rollen, die Susanne von Klettenberg und Frau von Stein im Leben Goethes spielten, und die Deutungen K. R. Eisslers dazu.

33 Der erste Wahlspruch stammt aus Tassos *Aminta* (I,2), der zweite aus der Parodie *Il pastor fido* von Tassos Konkurrenten Giovanni Battista Guarini (1538–1612).

Ganz gleich, ob man Tassos Überschwang als Hybris, Sakrileg, Frevel oder Lappalie betrachtet, der *faux pas* zeigt die Unvereinbarkeit des unbedingten Gefühls mit Sublimation wie höfischer *honnêteté*.[34]
Das bewegende Schlußbild läßt offen, wie weit Tasso und Antonio einander nun wirklich verstehen.[35] Goethe, der jede der Figuren mit derselben »liebenden Ironie« (E. Wilkinson) bedachte, macht sich keine der vorgestellten Positionen vorrangig zu eigen.[36] Vergeblich hat man versucht,

34 »Wie anfangs die scheue Abwehr der Bekränzung auf ein Unmaß in der Demut hinwies, so bedeutet die Umarmung nicht nur die Verletzung einer Etikette, sondern Unmaß einer Überhebung weit schon über das hinaus, was mit gesellschaftlichen Maßstäben zu messen ist« (Karl Reinhardt, *Die klassische Philologie und das Klassische*, 1942. Zitiert nach: Christian Grawe, *Erläuterungen und Dokumente: Johann Wolfgang Goethe, »Torquato Tasso«*, Stuttgart 1987, S. 215).
»Das ist nicht ein bloßer Verstoß gegen ständisch festgelegte Sitten, über die sich ein strömendes Gefühl mit innerer Wahrhaftigkeit hinwegsetzt, sondern die Umarmung deckt den unüberbrückbaren Abgrund auf, der zwischen den beiden Gestalten besteht und durch den gemeinsamen platonischen Traum der Schönheit und der Liebe nur verdeckt wurde. Denn der Dichter sucht auch noch das Leben und damit auch noch alle Unberechenbarkeit der Leidenschaft in seinen glühenden Liebestraum hineinzuziehen, die Prinzessin hingegen vermag nur in ihrer Abwehrhaltung gegen das Leben zu existieren« (Benno von Wiese, *Die deutsche Tragödie von Lessing bis Hebbel*, Hamburg 51961, S. 93f.).
»Hier aber haben wir anzuerkennen, daß mit der frevelhaften Gebärde Tassos der höchste Wert zerstört, der heiligste Glauben erschüttert ist« (Staiger, *Goethe*, Bd. 1, S. 422).

35 »Antonio behält in der dargestellten dramatischen Handlung äußerlich recht. Dagegen verkörpert Tasso das ›Recht des idealen Lebens‹, von dem Hegel sagt, daß es subjektiv im Zuschauer den Sieg davontrage. [...] Die Diskrepanz zwischen diesen beiden Momenten aber ist nicht als Unstimmigkeit oder als Bruch zu deuten, sondern ergibt gerade den ästhetischen Reiz des Stückes« (Horst Nahler: »Dichtertum und Moralität in Goethes *Torquato Tasso*«, 1968. Zitiert nach: Christian Grawe, *Erläuterungen und Dokumente* (oben, Anm. 34), S. 241.

36 Henriette von Knebel schrieb über den *Tasso*: »Dann hat Goethe das vor Schiller voraus, daß jeder Charakter sein Eigenes behält und man nicht überall den Autor hören und sehen muß« (an ihren Bruder, 4. März 1807. Bode, Bd. 2, Nr. 1412).

ihn bald mit Tasso, bald mit Antonio gleichzusetzen oder gar die ganze Figurenkonstellation auf den Weimarer Musenhof zu übertragen.[37] Jüngere Interpreten haben auf die grundlegende Problematik des Mäzenatentums (V. 2302 bis 2306) verwiesen,[38] darauf, daß das Schauspiel im Revolutionsjahr 1789 vollendet wurde (W. Rasch) und daß Tasso und Antonio, »Die darum Feinde sind, weil die Natur / Nicht einen Mann aus ihnen beiden formte« (V. 1705f.), erst zusammenfinden, nachdem die aufs Dekorum erpichte feudale Hofgesellschaft verschwunden ist.

Faust. Tragödie in zwei Teilen (mit drei Prologen: »Zueignung«, »Vorspiel auf dem Theater« und »Prolog im Himmel«). Entstanden in den Jahren zwischen 1774 und 1831.

Faust als historische Gestalt

(Johann) Georg Faust ist vermutlich am 23. April 1478 in Knittlingen geboren und 1540 in Staufen im Breisgau spektakulär ums Leben gekommen.
Er war Astrologe, Wahrsager, Heilkundiger, Magier und

37 Vgl. Karoline Herder an ihren Mann, am 20. März 1789: »Die gute Kalbin [...] nimmt Goethes ›Tasso‹ gar zu speziell auf Goethe, die Herzogin, den Herzog und die Steinin; ich habe sie aber ein wenig darüber berichtigt« (Bode, Bd. 1, Nr. 666). In der persönlichen Begegnung glich Goethe 1807 »mehr dem Antonio als dem Tasso. Sein ganzes Auftreten ist das eines Staatsmannes, nur sein Auge verrät den Dichter« (Christine von Reinhard, ebenda, Bd. 2, Nr. 1427). – Conrady weist auf gravierende Unterschiede im Leben Tassos und Goethes (S. 504f.) hin. Vgl. auch »Die biographische Dimension des Stükkes«, in: Grawe, *Erläuterungen und Dokumente* (S. 111, Anm. 34), S. 125–130. Nach W. Rasch könnte man allenfalls den Weimarer Hof als den Felsen bezeichnen an dem Goethe scheiterte und an den er sich nach seiner Selbstverbannung aus Rom anklammerte (ebenda, S. 130).

38 Vgl. Christa Bürger, »Der bürgerliche Schriftsteller im höfischen Mäzenat. Literatursoziologische Bemerkung zu Goethes *Tasso*«, in: *Deutsche Literatur zur Zeit der Klassik* (S. 76, Anm. 74), S. 141–153.

Alchimist, wahrscheinlich Autodidakt; jedenfalls hat er keine akademischen Grade erworben. Er war Zeitgenosse von Luther (1483–1546) und Paracelsus (1493–1541) und galt als provokante Außenseiter-Erscheinung. Doch obgleich ein Brief des Abtes Trithemius an den Heidelberger Mathematiker und Hofastrologen Johann Virdung vom 20. August 1507 (gedruckt 1536) Faust des Betruges und eitler Scharlatanerie bezichtigt, wurde Faust weder von der Inquisition verfolgt noch durch weltliche Gerichte inhaftiert.

Es ist denkbar, daß Faust zu den sogenannten Wahren Alchimisten zählte, die analog zu ihren Experimenten im Laboratorium durch Studium, Meditation und Askese im Oratorium inneres Gold in sich selber zu läutern versuchten. In diesem Falle wäre der historische Faust dem Dramenhelden Goethes nahe verwandt.

Faust als literarischer Stoff vor Goethe

Als erste gedruckte Bearbeitung des Faust-Stoffes erschien 1587 die HISTORIA *Von D. Johann Fausten / dem weitbeschreyten Zauberer vnnd Schwartzkünstler / Wie er sich gegen dem Teuffel auff eine benandte zeit verschrieben / Was er hierzwischen für seltzame Abentheuwer gesehen / selbs angerichtet vnd getrieben / biß er endtlich seinen wol verdienten Lohn empfangen. [...] / allen hochtragenden / fürwitzigen vnd Gottlosen Menschen zum schrecklichen Beyspiel / abscheuwlichen Exempel / vnnd treuwhertziger Warnung zusammen gezogen / vnd [...] / Gedruckt zu Franckfurt am Mayn / durch Johann Spies.*

Die *Historia*, ein Bestseller, der den Publikumsgeschmack des ausgehenden Luther-Jahrhunderts traf und in zwölf Jahren 22 Neuauflagen und fünf Übersetzungen erfuhr, ist eigentlich kein Volksbuch, wie es immer wieder heißt, sondern die auf der Wolfenbütteler Handschrift *Historia und Geschicht des Doctor Johannis Faustj des Zauberers* [...]

(um 1580) beruhende Redaktorenarbeit eines orthodoxen Verlegers, der vor dem neuzeitlichen religiösen Erkenntnisdrang warnen wollte. Um so erstaunlicher ist es, daß Faust selbst hier nicht als goldgieriger Quacksalber erscheint. Vielmehr liest man, er »name an sich Adlers Flügel / wolte alle Gründ am Himmel vnd Erden erforschen« (Kap. 2) und erkühnte sich, »die Elementa zu speculieren« (Kap. 6).
Auf der Grundlage der 1592 ins Englische übersetzten *Historia* verfaßte der neben Ben Jonson und Shakespeare berühmteste elisabethanische Dramatiker Christopher Marlowe (1564–93) *The Tragicall History of the Life and Death of Doctor Favstvs* (vermutlich 1592). Das Schauspiel zeigt Faust als einen Renaissance-Menschen, der nach Macht, Schönheit und Wissen strebt. Es beginnt mit einem Eingangsmonolog voll Überheblichkeit (*superbia*) und endet mit einem Schlußmonolog voller Verzweiflung (*desperatio*). Fausts inneres Ringen wird durch die allegorischen Figuren eines guten und eines bösen Engels veranschaulicht. Mephisto ist hier bereits mit eigenem tragischen Innenleben ausgestattet. Und an die Stelle der hämischen Freude über den schauerlichen Untergang des Teufelsbündlers tritt in Marlowes Erfolgsdrama Anteilnahme und Respekt für den außergewöhnlichen Menschen.
Durch englische Schauspielertruppen kam Marlowes *Faust*-Tragödie (spätestens 1608) auf den Kontinent. Wegen der Sprachschwierigkeiten führten die englischen Wander-Ensembles eine lustige Figur (Pickelhäring, Hans Wurst, Kasper) als Erklärer ein. Fausts skrupulöses Ringen zwischen Glaubensgebot und Wissensdurst war dadurch freilich kaum zu vermitteln. So verkam das Schauspiel bei anhaltender Beliebtheit bis gegen 1700 allmählich zu einem anzüglichen Puppenspiel voller Aberglauben. Erst der Aufklärer Lessing, der die Wißbegier als edelsten Trieb des Menschen anerkannte, bemühte sich aus den billigen Belustigungen der Jahrmärkte wieder ein Drama für die Kunstbühne zu

machen. In seinem berühmten 17. Literaturbrief vom 16. Februar 1759 veröffentlichte er ein kurzes Faust-Fragment, ließ seine Pläne aber unausgeführt. Die Stürmer und Dränger schließlich, Jakob Michael Reinhold Lenz (1751 bis 1792),[39] der Maler Friedrich Müller (1749–1825)[40] und Friedrich Maximilian Klinger (1752–1831),[41] erkannten in Faust das Genie und identifizierten sich mit dessen Verlangen nach schrankenloser Selbstverwirklichung.

Die Entstehungsphasen von Goethes »Faust«

Goethe kannte den Faust-Stoff mutmaßlich aus Groschen-Heften wie dem des Christlich-Meynenden von 1725 und als Puppenspiel.[42] Er kannte wohl auch Lessings Fragment. 1770 gastierte die Ilgnersche Theatertruppe mit einer deutschen Übersetzung des Marloweschen *Faustus* in Straßburg. Für seine eigene Arbeit griff er auf Johann Nicolaus Pfitzners Faustbuch von 1674 zurück, nicht jedoch auf Spieß. Goethes Arbeit am *Faust* zog sich in vier größeren Etappen über fast sechzig Jahre hin. Es entstanden:

1769–75 der »Urfaust«: Universitätssatire und Gretchentragödie. Überliefert in einer erst 1887 entdeckten Abschrift des Hoffräuleins Luise von Göchhausen aus den Jahren 1776/77.

1786–1790 eine in Rom(?) begonnene Überarbeitung des anschließend als »Fragment« veröffentlichten »Urfaust«, der mit der Dom-Szene abbricht.

1797–1806 die auf Schillers Drängen geschriebenen konstruktiven Teile des Prologs im Himmel, mit der Wette und dem Teufelspakt. Walpurgisnacht.

39 *Die Höllenrichter* (1777).

40 *Situation aus Fausts Leben* (1776); *Fausts Leben dramatisiert*, Fragment (1778), in Verse umgeschrieben 1823.

41 *Fausts Leben, Thaten und Höllenfahrt in fünf Büchern. Philosophischer Roman* (1791).

42 Vgl. auch die von Karl Simrock wiederhergestellte Puppenspielfassung *Doktor Johannes Faust* von 1846.

1825–1831. Als Goethe 1818 über den Fortgang des Schauspiels in *Dichtung und Wahrheit* berichten wollte, las er Marlowes *Faustus* in deutscher Übersetzung, aber erst sieben Jahre später begann die letzte, durch Eckermann geförderte Arbeitsphase.

Veröffentlicht wurden:

1790 *Faust. Ein Fragment*; in Bd. 7 der *Schriften*.

1808 *Faust. Eine Tragödie*. Erster Teil.

1827 *Helena, klassisch-romantische Phantasmagorie. Zwischenspiel zu Faust*. Zweiter Teil, 3. Akt; in Bd. 4 der *Werke*.

1828 Szenen am Kaiserhof und Zweiter Teil, 1. Akt; in Bd. 12 der *Werke*.

1832 *Faust. Der Tragödie zweiter Teil in fünf Akten*; in Bd. 1 der *Nachgelassenen Werke*, hrsg. von Johann Peter Eckermann.

Die Uraufführungen waren am 24. Mai 1819 auf Schloß Monbijou, Berlin (Erster Teil, einzelne Szenen); 19. Januar 1829 Herzogliches Hoftheater, Braunschweig (Erster Teil); 4. April 1854 Stadttheater Hamburg (Zweiter Teil).

Aufbau und Inhalt

In der *Zueignung* oder Widmung spricht Goethe seine alte Verbundenheit mit den Gestalten des *Faust*-Dramas aus.

Im *Vorspiel auf dem Theater* erörtern der Dichter, der Theaterdirektor und der Schauspieler ihr Handwerk im Hinblick auf die gegensätzlichen Erfordernisse der Kunst, des Geschäfts und der Gesellschaft. Ihr zugkräftiges Programm lautet: »mit bedächt'ger Schnelle / Vom Himmel durch die Welt zur Hölle« (V. 241 f.).

Der *Prolog im Himmel* eröffnet den mysterienspielartigen Rahmen,[43] der durch den katholisierenden Schluß des zwei-

43 Mysterienspiele (lat. *mysteria* ›mit gottesdienstlichen Gebräuchen verbundene Geheimlehre‹), seit dem 14. Jh. übliche Bezeichnung für die aus der Liturgie entwickelten geistlichen Dramen des Mittelalters.

ten Teils, mit Fausts Grablegung und Läuterung, wieder geschlossen wird. In diesem Teil der Exposition wettet Mephisto[44] mit Gott, daß es ihm gelingen werde, Faust in den Staub zu ziehen.

Der Tragödie erster Teil beginnt mit dem berühmten Eingangsmonolog in Fausts nächtlichem Studierzimmer: Faust möchte erkennen, »was die Welt / Im Innersten zusammenhält« (V. 382f.). Weil ihm die Universitätsdisziplinen dabei nicht weiterhelfen, versucht er es mit Magie. Er beschwört den Erdgeist; aber der weist ihn zurück. Fausts pedantischer Famulus Wagner stört die »Fülle der Gesichte« (V. 520). Sie verabreden sich auf den nächsten Tag zu einem Osterspaziergang. Faust sieht im Freitod eine letzte Möglichkeit, die Seinserfahrung auszuweiten, doch Ostergeläut und -chöre halten ihn zurück. Er ist gerührt: »Die Träne quillt, die Erde hat mich wieder!« (V. 784). Auf dem Osterspaziergang mit Wagner bekennt Faust angesichts des selbstzufriedenen bürgerlichen Behagens seine Gespaltenheit: »Zwei Seelen wohnen, ach! in meiner Brust, / Die eine will sich von der andern trennen; / Die eine hält, in derber Liebeslust, / Sich an die Welt mit klammernden Organen; / Die andre hebt gewaltsam sich vom Dust / Zu den Gefilden hoher Ahnen« (V. 1112–17). Seelenspaltung, Flugvision und der Wunsch nach einem Zaubermantel rufen Mephisto auf den Plan; er nähert sich als Pudel. Faust verflucht die Schöpfung (V. 1583–1606) und paktiert mit Mephisto: »Kannst du mich mit Genuß betrügen, / Das sei für mich der letzte Tag!« (V. 1696f.). »Werd' ich zum Augenblicke sagen: / Verweile doch! du bist so schön! / Dann magst du mich in Fesseln schlagen, / Dann will ich gern zugrunde gehn!« (V. 1699–1702). Sie fliegen nach Leipzig und besuchen ein studentisches Trinkgelage in Auerbachs Keller. Nichts für Faust. Er wird in der Hexenküche verjüngt, erblickt dabei »das schönste Bild von einem Weibe« (V. 2436) und ent-

44 Die Figur trägt Züge von Goethes Freund Johann Heinrich Merck (1741–91).

brennt für das Abenteuer der Entgrenzung in der Liebe. Mit Mephistos Hilfe drängt er sich rücksichtslos in Gretchens Leben. Gretchens Mutter wird durch einen Schlaftrunk vergiftet; ihren Bruder ersticht Faust im Duell. Gretchen selber endet als Mörderin ihres von Faust empfangenen Kindes im Kerker, während Faust und Mephisto auf dem Blocksberg die Walpurgisnacht begehen. Doch anders als Faust entzieht sich Gretchen dem vermeintlich hilfreichen Zugriff des Bösen, indem sie sich vorbehaltlos dem »Gericht Gottes« überantwortet (V. 4605). Diese unverbrüchliche Glaubenstreue gereicht der Kindsmörderin zur Seelenrettung.[45]

Der Tragödie zweiter Teil beginnt mit Fausts Heilschlaf in anmutiger Gegend. Nachdem die selbstreinigenden Kräfte der Natur in ihm gewirkt haben, erwacht Faust und fühlt »ein kräftiges Beschließen, / Zum höchsten Dasein immerfort zu streben« (V. 4684f.). Er begreift nun aber auch, daß er nicht unmittelbar in die aufgehende Sonne (als Ding an sich) blicken, sondern nur am gebrochenen Licht des Regenbogens (der Erscheinung, »des bunten Bogens Wechseldauer«, V. 4722) die Farbigkeit der Welt erkennen kann: »Der [Regenbogen am Wasserfall] spiegelt ab das menschliche Bestreben. / Ihm sinne nach, und du begreifst genauer: / Am farbigen Abglanz haben wir das Leben« (V. 4725–27).

Nach dem Scheitern des Subjektivisten und Originalgenies in der kleinbürgerlichen Welt, soll Faust im zweiten Teil die objektiveren größeren Welten der Gesellschaft, Politik, Kunst und Natur kennenlernen. Mephisto führt sich als neuer Narr am Hof des Kaisers ein und läßt Faust auf dem Karneval das Papiergeld erfinden, mit dem die zerrütteten Staatsfinanzen vorübergehend saniert scheinen. Zur Unterhaltung der Hofgesellschaft beschwört Faust in Helena das

45 Historischer Hintergrund der Gretchentragödie ist die Hinrichtung der Kindsmörderin Susanna Margaretha Brandt in Frankfurt, deren Prozeß Goethe 1772 mit großer Anteilnahme verfolgt hat.

Urbild weiblicher Schönheit, das, wie alle Archetypen, bei den »Müttern« in der Unterwelt aufgehoben ruht. Ihr Anblick berauscht ihn: »Verschwinde mir des Lebens Atemkraft, / Wenn ich mich je von dir zurückgewöhne! – / Die Wohlgestalt, die mich voreinst entzückte, / In Zauberspiegelung beglückte, / War nur ein Schaumbild solcher Schöne! – / Du bist's, der ich die Regung aller Kraft, / Den Inbegriff der Leidenschaft, / Dir Neigung, Lieb', Anbetung, Wahnsinn zolle« (V. 6493–6500). Mephisto warnt: »So faßt Euch doch und fallt nicht aus der Rolle! [... und:] Machst du's doch selbst, das Fratzengeisterspiel!« (V. 6501 u. 6546). Doch in Verkennung der Tatsache, daß Helenas Erscheinung durch seine eigene schöpferische Phantasie aufsteigt, greift Faust, als Paris Helena entführen will, in die imaginierte Szene ein und löst damit eine Explosion aus, die ihn niederstreckt. Mephisto trägt den Ohnmächtigen in dessen altes Studierzimmer. Mit seinem Hinzutreten verhilft er Wagner zum Durchbruch bei der Herstellung künstlicher Intelligenz. Der eben entstandene Homunculus liest Fausts Träume und diagnostiziert: »Erwacht uns dieser, gibt es neue Not, / Er bleibt gleich auf der Stelle tot« (V. 6930f.). Faust braucht Helena. Homunculus, Mephisto und Faust fliegen nach Griechenland, um Helena in der klassischen Walpurgisnacht zu suchen. »[...] Den Mantel her, / Und um den Ritter umgeschlagen! / Der Lappen wird euch, wie bisher, / Den einen mit dem andern tragen; / Ich [Homunculus] leuchte vor« (V. 6983–86). Faust findet Helena und vermählt sich mit ihr. Er zeugt mit ihr Euphorion. Doch der schöne, verwegen hochfliegende Sohn stürzt sich jung zu Tode und ruft auch seine Mutter in die Unterwelt zurück (V. 9905f.).[46] Nun wünscht Faust, »das herrische Meer vom

46 Historische Anregung für diese Figur war der frühverstorbene englische Dichter George Gordon Lord Byron (1788–1824), den Goethe schätzte, weil er in dessen »Kühnheit, Keckheit und Grandiosität« seinen eigenen »liberal-anarchistischen Individualismus« (Lukács) der *Werther*zeit widergespiegelt sah. Euphorion-Byrons früher Tod steht für die Tragödie der ästhetischen Illusion, die nicht ohne Hoffnung

Ufer auszuschließen« (V. 10229), um durch Eindeichungen Land zu gewinnen und sich als Kolonisator zu bewähren. Durch Mephistos Zauberei verhilft er als Feldherr dem Kaiser zum Sieg über dessen aufständische Vasallen und läßt sich zum Dank dafür mit einem Küstenstreifen belehnen. »Erhalten wir dem Kaiser Thron und Lande, / So kniest du nieder und empfängst / Die Lehn von grenzenlosem Strande« (V. 10304–06). Rücksichtslos läßt Faust Mephisto und dessen gewalttätige Handlanger die Kolonisierung vorantreiben. Seiner Habgier fallen das altansässige Ehepaar Philemon und Baucis sowie dessen Gast zum Opfer. Indessen träumt Faust: »Noch hab' ich mich ins Freie nicht gekämpft. / Könnt' ich Magie von meinem Pfad entfernen, / Die Zaubersprüche ganz und gar verlernen, / Stünd' ich, Natur, vor dir ein Mann allein, / Da wär's der Mühe wert, ein Mensch zu sein« (V. 11403–07). Die allegorische Gestalt der Sorge[47] blendet Faust (V. 11497f.), und während Lemuren[48] sein Grab schaufeln, vermeint er, auf seinen Befehl hin, »Bezahle, locke, presse bei!« (V. 11554), werde ein Sumpf trockengelegt. Mit diesem Projekt phantasiert Faust: »Eröffn' ich Räume vielen Millionen, / Nicht sicher zwar, doch tätig-frei zu wohnen. / [...] / Im Innern hier ein paradiesisch Land, / Da rase draußen Flut bis auf zum Rand, / Und wie sie nascht, gewaltsam einzuschießen, / Gemeindrang eilt, die Lücke zu verschließen. / Ja! diesem Sinne bin ich ganz ergeben, / Das ist der Weisheit letzter Schluß: / Nur der verdient sich Freiheit wie das Leben, / Der täglich sie erobern muß. / Und so verbringt, umrungen von Gefahr, / Hier Kindheit, Mann und Greis sein tüchtig Jahr. /

endet, weil neue Generationen solche Lieder singen werden: »Denn der Boden zeugt sie wieder, / Wie von je er sie gezeugt« (V. 9937f.).

47 Dem Weltbesitzer Faust kann von den vier Bewußtseins-Allegorien *Mangel, Schuld, Not* und *Sorge* nur die Sorge, die das Bewußtsein von der Vergeblichkeit angesichts des Todes wachhält, etwas anhaben.

48 Lemuren oder Larven hießen bei den Römern die bösen Geister Verstorbener, im Gegensatz zu den Laren und Penaten, den gutgesinnten Geistern von Haus und Familie.

Solch ein Gewimmel möcht' ich sehn. / Auf freiem Grund mit freiem Volke stehn. / Zum Augenblicke dürft' ich sagen: / Verweile doch, du bist so schön! / Es kann die Spur von meinen Erdentagen / Nicht in Äonen untergehn. – / Im Vorgefühl von solchem hohen Glück / Genieß' ich jetzt den höchsten Augenblick« (V. 11563–86). Faust sinkt zurück. Mephisto, der den Optativ in Fausts Zukunftsvision überhört hat, wähnt seine Wette gewonnen. Vergeblich kämpft er über dem Grab um Fausts Seele gegen himmlische Heerscharen; denn: »Gerettet ist das edle Glied / Der Geisterwelt vom Bösen, / Wer immer strebend sich bemüht, / Den können wir erlösen. / Und hat an ihm die Liebe gar / Von oben teilgenommen, / Begegnet ihm die selige Schar / Mit herzlichem Willkommen« (V. 11934–41). Faust wird mystisch hinaufgeläutert zu Gretchen, die als Büßerin erscheint, und der Chorus mysticus singt. »Alles Vergängliche / Ist nur ein Gleichnis; / Das Unzulängliche, / Hier wird's Ereignis; / Das Unbeschreibliche, / Hier ist's getan; / Das Ewig-Weibliche / Zieht uns hinan« (V. 12104 bis 12111).

Wirkung

Goethes *Faust* wurde nicht sofort als bedeutendes Zeugnis der Weltliteratur bejubelt. Die Kirchen kritisierten den Inhalt; die junge Dichtergeneration (Grillparzer, Hebbel, Mörike, Keller) kritisierte die Form. Das sich verselbständigende Adjektiv »faustisch« hatte zunächst eine abwertende Bedeutung. Allmählich aber bahnte sich eine Umwertung an: Faust wurde zum deutschen Nationalhelden. Er galt als »ein treuer und scharfer Ausdruck des spezifisch deutschen Volksgeistes [...], als eine höhere Potenz des Siegfried« (Ferdinand Brockerhoff, 1853).[49] Erst Thomas Mann (1875 bis 1955) beendet die von der Reichsgründung (1871) bis zu

49 Vgl. Hans Schwerte, *Faust und das Faustische. Ein Kapitel deutscher Ideologie*, Stuttgart 1962, S. 7–21.

den Nationalsozialisten vorherrschende Tradition einfältiger nationaler Identifikation mit Goethes *Faust*. Statt auf Goethe greift Thomas Mann auf die älteren Quellen zurück und zeichnet in seinem Roman *Doktor Faustus* (1947) den Tonsetzer Adrian Leverkühn, der nur mit Teufelshilfe und unter Verzicht auf die Liebe zu absoluter Kunstleistung gelangt, als einen durchaus ambivalenten dämonischen Charakter. Leverkühn trägt Züge von Spengler und Nietzsche. Sein Schicksal ist der »katastrophale Rückfall des hoch- und überentwickelten Geistes in archaische Primitivität« (E. Heller). Auch Hanns Eisler (1898–1962) ging in seinem Faust-kritischen Opernlibretto *Johann Faustus* (1952) hinter Goethe zurück. Doch seine Oper blieb unkomponiert, weil sich die Verfechter des sozialistischen Realismus den positiven Helden nicht nehmen lassen wollten. Vielmehr trachteten die maßgeblichen Interpreten im realexistierenden Sozialismus danach, das »klassische Erbe« dadurch zu vereinnahmen, daß sie den herrischen Außenseiter Faust »auf freiem Grund mit freiem Volke« zum Kollektivisten umdeuteten.
Volksbuch, Puppenspiel, Theaterstück, Ballade, Volkslied, Singspiel, Oper, Ballett, Film, Comic . . .; die *Faust*-Bearbeitungen reißen nicht ab. Günther Mahal ermittelte für das 20. Jahrhundert einen Jahresdurchschnitt von drei bis vier *Faust*-Variationen.

V. Prosa

Die Leiden des jungen Werthers. Briefroman; erschienen 1774; zweite, überarbeitete Fassung 1787.

Der junge, bürgerlich wohlhabende Werther hat sich nach einer enttäuschten Liebe in eine ländliche Gegend zurückgezogen, um dort ohne Verpflichtungen seinen Neigungen zu leben. Er genießt den Frühling,[1] zeichnet nach der Natur, liest Homer und Ossian[2] und berichtet darüber in empfindsamen Briefen seinem Freund Wilhelm.[3]

Anläßlich eines Balles lernt er Lotte kennen. Sie ist die älteste Tochter eines Amtmannes, dessen Frau gestorben ist.

1 Vgl. den berühmten Brief vom 10. Mai in seiner Urfassung:

am 10. May.

Eine wunderbare Heiterkeit hat meine ganze Seele eingenommen, gleich denen süßen Frühlingsmorgen, die ich mit ganzem Herzen geniesse. Ich bin also allein und freue mich so meines Lebens, in dieser Gegend, die für solche Seelen geschaffen ist, wie die meine. Ich bin so glücklich, mein Bester, so ganz in dem Gefühl von ruhigem Daseyn versunken, daß meine Kunst darunter leidet. Ich könnte jetzo nicht zeichnen, nicht einen Strich, und bin niemalen ein grösserer Mahler gewesen als in diesen Augenblicken. Wenn das liebe Thal um mich dampft, und die hohe Sonne an der Oberfläche der undurchdringlichen Finsterniß meines Waldes ruht, und nur einzelne Strahlen sich in das innere Heiligthum stehlen, und ich dann im hohen Grase am fallenden Bache liege, und näher an der Erde tausend mannigfaltige Gräsgen mir merkwürdig werden. Wenn ich das Wimmeln der kleinen Welt zwischen Halmen, die unzähligen, unergründlichen Gestalten, all der Würmgen, der Mückgen, näher an meinem Herzen fühle, und fühle die Gegenwart des Allmächtigen, der uns all nach seinem Bilde schuf, das Wehen des Allliebenden, der uns in ewiger Wonne schwebend trägt und erhält. Mein Freund, wenn's denn um meine Augen dämmert, und die Welt um mich her und Himmel ganz in meiner Seele ruht, wie die Gestalt einer Geliebten; dann sehn ich mich oft und denke: ach könntest du das wieder ausdrücken, könntest du dem Papier das einhauchen, was so voll, so warm in dir lebt, daß es würde der Spiegel deiner Seele, wie deine Seele ist der Spiegel des unendlichen Gottes. Mein Freund – Aber ich gehe darüber zu Grunde, ich erliege unter der Gewalt der Herrlichkeit dieser Erscheinungen.

2 Siehe S. 22, Anm. 1.

3 Vom 4. Mai 1771 bis zum 23. Dezember 1772.

Anstelle der Mutter versorgt nun Lotte ihre acht jüngeren Geschwister. Werther verliebt sich in sie, obwohl er von ihrem Verlöbnis mit Albert, der zur Zeit verreist ist, weiß. Als der rechtschaffene und arbeitsame Albert zurückkommt, wird auch er Werthers Freund. Erst als Werthers Liebe zu Lotte »leidenschaftlicher als billig« zu werden droht, entschließt sich Werther wegzugehen.

Er wird in einer Gesandtschaft tätig, will sich aber nicht den Anweisungen des pedantischen Sekretärs fügen. Dies und der demütigende Verweis aus einer Adelsgesellschaft veranlassen Werther sehr bald, die Tätigkeit wieder aufzugeben. Er begleitet einen Fürsten, der Geschmack an seiner Gesellschaft gefunden hat, auf dessen Güter, macht eine »Wallfahrt nach seiner Heimat« und kehrt schließlich aber doch zu Lotte und Albert, die inzwischen geheiratet haben, zurück.

Weil den unzufriedenen Stürmer und Dränger seine Empfindsamkeit immer weiter in die ausweglose Leidenschaft für Lotte treibt, kommt es zwischen ihm und Albert zu unüberbrückbaren Differenzen. Werther beschließt zu sterben. Bei seinem letzten Besuch trifft er Lotte allein. Nach einer aufwühlenden Ossian-Lektüre vergißt er sich Lotten gegenüber. Lotte entzieht sich ihm und händigt wenig später seinem Bedienten die Pistolen aus, die sich Werther von Albert vorgeblich für eine Reise erbittet. Werther erschießt sich damit einen Tag vor Weihnachten.

Die literatur- und zeitgeschichtliche Bedeutung des *Werther*-Romans liegt in dem Konflikt zwischen dem Gefühlstitanismus des Stürmers und Drängers und den Beschränkungen durch »die fatalen bürgerlichen Verhältnisse«. Werther, der sein empfindsames Herz in natürlichem, leidenschaftlichem Gefühlsüberschwang sprechen läßt, stößt allenthalben an die engen Grenzen einer kleinlich geordneten Gesellschaft. Diese sitzt nach Stand und Rang zu Tisch, huldigt regelhaften Künsten und verpönt, von Verstößen gegen die Grammatik bis zum Freitod, alle Grenzüber-

Die Leiden

des

jungen Werthers.

Erster Theil.

Leipzig,

in der Weygandschen Buchhandlung.

1774.

Titelblatt der Erstausgabe des »Werther« mit einer Radierung von Goethes Hand

schreitungen. Nur Lotte fühlt wie Werther. Der Gleichklang ihrer Herzen erweist sich in ihrer gemeinsamen Begeisterung für Klopstock und Ossian. Aber Lotte ist unwiderruflich eingebunden in die lebenspraktische Rationalität, an der der genialische Werther scheitern muß.
Goethe nahm den Stoff zu dem Roman aus der Gegenwart seines eigenen Lebens. Als er von Mai bis September 1772 Praktikant am Reichskammergericht in Wetzlar war, lernte er auf einem Ball Charlotte Buff (1753–1828) kennen. Die damals neunzehnjährige Lotte war die zweitälteste Tochter des mit 12 Kindern verwitweten Deutschordens-Amtmannes Heinrich Adam Buff. Sie war so gut wie verlobt mit dem Kammergerichtssekretär Christian Kestner (1741 bis 1800). Das enge Freundschaftsverhältnis zwischen Goethe, Lotte und Kestner wurde einerseits durch Kestners Großzügigkeit ermöglicht, andererseits durch die rein verehrende Neigung Goethes. Goethe schreibt darüber an Kestner und Lotte kurz nach deren Vermählung: »Dass ihr erkennet und schauet. Wie ich mich an Lotten *attachirte* und das war ich wie ihr wisst von Herzen, redete Born mit mir davon, *wie man spricht*. ›Wenn ich K. wäre, mir gefiels nicht. Worauf kann das hinausgehn? Du spannst sie ihm wohl gar ab?‹ und dergleichen. Da sagte ich ihm, Mit diesen Worten in seiner Stube, es war des Morgens: ›Ich binn nun der Narr das Mädchen für was besonders zu halten, betrügt sie mich, und wäre so wie ordinair, und hätte den K. zum Fond ihrer Handlung um desto sicherer mit ihren Reizen zu wuchern, der erste Augenblick der mir das entdeckte, der erste der sie mir näher brächte, wäre der letzte unsrer Bekanntschafft‹, und das beteuert ich und schwur.«
Überraschend und ohne Abschied reiste Goethe am 11. September 1772 aus Wetzlar ab, nachdem er am vorhergehenden Abend wie Werther im Brief vom 10. September 1771 mit seinen Freunden ein Gespräch über die Möglichkeit eines Wiedersehens nach dem Tode geführt hatte.
Goethe wanderte der Lahn entlang nach Koblenz, wo So-

phie von La Roche wohnte, deren sechzehnjährige Tochter Maximiliane (1756–93) ihm sehr gefallen sollte.[4] Er stellte fest: »Es ist eine sehr angenehme Empfindung, wenn sich eine neue Leidenschaft in uns zu regen anfängt, ehe die alte noch ganz verklungen ist. So sieht man bei untergehender Sonne gern auf der entgegengesetzten Seite den Mond aufgehn und erfreut sich an dem Doppelglanze der beiden Himmelslichter« (*DuW*, 13. Buch). Die Züge Maximilianes mischen sich mit denen Charlotte Buffs zum Bilde Lottes im Roman. – Kaum zwei Jahre nach dieser Begegnung kam Maximiliane als zweite Frau des über 20 Jahre älteren Kaufmanns Peter Anton Brentano (1735–97) nach Frankfurt. Der jungen »Maxe« aus der kunstsinnigen und schöngeistigen Familie La Roche fiel die Anpassung an die neuen Lebensumstände schwer, zumal damit die Sorge für Brentanos fünf Kinder verbunden war. Goethe schreibt: »Mein früheres Verhältnis zur jungen Frau, eigentlich ein geschwisterliches, ward nach der Heirat fortgesetzt; meine Jahre sagten den ihrigen zu, ich war der einzige in dem ganzen Kreise, an dem sie noch einen Widerklang jener geistigen Töne vernahm, an die sie von Jugend auf gewöhnt war« (*DuW*, 13. Buch). Indessen, Brentano war nicht Kestner; er ließ keinen Zweifel daran, daß ihm Goethes Besuche unerwünscht seien. Die brüske Zurückweisung durch Brentano, die Goethe in *Dichtung und Wahrheit* taktvoll übergeht, versetzte ihn in die Lage, das Schicksal des jungen Jerusalem nachzuempfinden.

Karl Wilhelm Jerusalem (1747–72) war der Sohn des Wolfenbüttler Abts Jerusalem. Er hatte Schwierigkeiten mit seinem Vorgesetzten, liebte unerwidert die Gattin des kurpfälzischen Gesandtschaftssekretärs und erschoß sich in der

4 Wielands Jugendliebe Sophie von La Roche (geb. Gutermann, 1731 bis 1807), die Großmutter von Bettina Arnim und Clemens Brentano, war eine damals vielgelesene Autorin empfindsamer Briefromane. Samuel Richardsons *Clarissa Harlowe* (1747/48) und Sophie von La Roches *Geschichte des Fräuleins von Sternheim* (1771) haben Goethe zur Briefform seines *Werther*-Romans angeregt.

Nacht vom 29. zum 30. Oktober 1772. Goethe schreibt: »Jerusalems Tod, der durch die unglückliche Neigung zu der Gattin eines Freundes verursacht ward, schüttelte mich aus dem Traum, und weil ich nicht bloß mit Beschaulichkeit das, was ihm und mir begegnet, betrachtete, sondern das Ähnliche, was mir im Augenblicke selbst widerfuhr, mich in leidenschaftliche Bewegung setzte; so konnte es nicht fehlen, daß ich jener Produktion, die ich eben unternahm, alle die Glut einhauchte, welche keine Unterscheidung zwischen dem Dichterischen und dem Wirklichen zuläßt. [. . .] Unter solchen Umständen, nach so langen und vielen geheimen Vorbereitungen, schrieb ich den ›Werther‹ in vier Wochen, ohne daß ein Schema des Ganzen, oder die Behandlung eines Teils irgend vorher wäre zu Papier gebracht gewesen« (*DuW*, 13. Buch).

»Die Wirkung dieses Büchleins war groß, ja ungeheuer, und vorzüglich deshalb, weil es genau in die rechte Zeit traf«, schreibt Goethe. Er habe sich eigentlich nur von der Seele schreiben wollen, was er »empfunden, gedacht und gewähnt« hatte, um dadurch die bedrückenden Erlebnisse loszuwerden. Diese Objektivierung der eigenen Bedrohung, die Verwandlung des eigenen Unbehagens in ein selbständiges ästhetisches Gebilde, gelang. Im nachhinein befand Goethe: »[. . .] ich hatte mich durch diese Komposition, mehr als durch jede andere, aus einem stürmischen Elemente gerettet [. . .]. Ich fühlte mich, wie nach einer Generalbeichte, wieder froh und frei, und zu einem neuen Leben berechtigt. Das alte Hausmittel (vgl. S. 62f., Anm. 52) war mir diesmal vortrefflich zustatten gekommen« (*DuW*, 13. Buch). Als aber Freund Merck, dem er aus dem Manuskript vorlas, nur sagte: »Nun ja! es ist ganz hübsch«, da hätte Goethe das Manuskript um ein Haar vor Enttäuschung verbrannt. Zum Glück revidierte Merck sein Urteil und sorgte dafür, daß der Roman unverzüglich gedruckt wurde.

Von wenigen Ausnahmen abgesehen, brachten die zeitgenössischen Rezensionen wenig Erhellung über den *Werther* als Kunstwerk. Vielmehr wurde der Stoff des Romans zum Prüfstein der Gesinnung. Die Reaktion auf das Buch wies die Rezensenten oft deutlich genug in je eines der unschwer zu erkennenden drei Lager, nämlich in das der Stürmer und Dränger, das der Aufklärer oder das des orthodoxen Klerus.

Die jungen Stürmer und Dränger, Schubart, Heinse und Lenz, Bürger, Voss, Moritz und die Brüder Stolberg, begrüßten Werther mit überschwenglicher Begeisterung als einen der Ihren und stimmten meist vorbehaltlos mit ihm überein.

Die Aufklärer, Lessing, Nicolai, Mendelssohn, Lichtenberg, Möser, Sulzer und Bodmer, die dem Werk noch am ehesten hätten gerecht werden können, schätzten wohl die Großzügigkeit des Charakters, die hinreißende Sprache und andere Einzelheiten, fanden bis auf Wieland aber doch mit aller Zurückhaltung älterer Herren, daß die Vernunft, wie ihnen der Ausgang der Geschichte bewies, in diesem Buch zu kurz komme.

Der orthodoxe Klerus endlich, allen voran Melchior Goeze[5], sah im *Werther* nichts als eine freche Verteidigung des Selbstmordes und rief nach der Zensur.

Werther war Goethes größter Bucherfolg. Die Erstfassung wurde bis 1790 etwa dreißigmal, die Zweitfassung von 1787 etwa fünfundzwanzigmal zu Goethes Lebzeiten gedruckt. Hinzu kommen zahlreiche Übersetzungen.

Die Diskussion um die *Leiden des jungen Werthers* blieb nicht auf öffentliche Buchbesprechungen oder private Gespräche und Briefwechsel beschränkt. Die Auseinandersetzung mit dem Roman erzeugte eine Flut von Nachfolge-Werken. Immer wieder wurde der Stoff aufgegriffen und umgeformt. Mit *Werther* beschäftigten sich Romane, Dra-

5 Derselbe, der sich wegen der *Fragmente eines Ungenannten* (1774 ff.) von Hermann Samuel Reimarus mit Lessing anlegte und von Nicolai in dem Roman *Das Leben und die Meinungen des Herrn Magister Sebaldus Nothanker* (1773–76) als orthodoxer Fanatiker lächerlich gemacht wird.

men, Gedichte, Briefsammlungen, Opern, Operetten, Parodien, Bänkelsang, Volkstheater, Ballett und ein Feuerwerk mit dem Titel *Werthers Zusammenkunft mit Lottchen im Elysium*. Darstellungen der Figuren und Szenen aus dem Roman wurden in Öl gemalt, in Kupfer gestochen und auf Porzellan gebrannt. Man kleidete sich wie Werther und Lotte und nahm ein Parfum mit dem Namen »Eau de Werther«. Weltschmerz wurde so modern, daß man vom ›Werther-Fieber‹ sprach und fürchtete, die hartnäckigsten Werther-Anhänger würden auch vor dem Selbstmord nicht haltmachen. Tatsächlich ertränkte sich am 16. Januar 1778 Christel von Laßberg mit dem *Werther* in der Tasche in der Ilm.

Von den vielen literarischen Nachahmungen indessen erreichten auch die ernsthaftesten nicht den Rang des Vorbildes. Meist wurde der Konflikt Werthers auf die Liebe eines jungen Mannes zu einer verheirateten Frau vereinfacht, oder, weil sich daran die Gemüter erhitzten, zum Anlaß einer Erörterung über den Freitod genommen, wobei der Ausgang der Geschichte den Standpunkt des Verfassers dokumentierte. Unter diesem Gesichtspunkt kritisierte selbst noch Erich Honecker *Die neuen Leiden des jungen W.* (1972) von Ulrich Plenzdorf.

Wilhelm Meisters Lehrjahre. Roman in acht Büchern; erschienen 1795/96.

Entstehung

Goethe erwähnt »Wilhelm Meister« erstmals in seinem Tagebuch am 16. Februar 1777. Anders als das Faustfragment, hat er das *Wilhelm Meisters theatralische Sendung* betitelte Fragment nicht in seine 1787–90 erschienenen *Schriften* aufgenommen. Dieser sogenannte *Urmeister* ist durch Abschriften erhalten. *Wilhelm Meisters Lehrjahre* entstanden, begleitet von Schillers Rat, seit 1794 nach Änderung der ur-

Goethe 1791
Kreidezeichnung von Johann Heinrich Lips

sprünglichen Konzeption eines Künstlerromans. Dabei wurden die sechs Bücher der *Theatralischen Sendung* zu Buch 1–4 der *Lehrjahre* umgearbeitet. Dann erschienen: Januar 1795 Buch 1 und 2 als Band 1; Ostern 1795 Buch 3 und 4 als Band 2; Herbst 1795 Buch 5 und 6 als Band 3; Oktober 1796 Buch 7 und 8 als Band 4. 1821 folgten *Wilhelm Meisters Wanderjahre*. 1829 Die *Wanderjahre* in erweiterter Form.

Inhalt der einzelnen Bücher

1. Der Kaufmannssohn Wilhelm Meister liebt das Theater und die Schauspielerin Mariane. Er möchte Mariane heiraten und Schauspieler werden.
2. Da er sich aber von Mariane betrogen glaubt, zieht er sich vom Theater zurück und widmet sich kaufmännischen Geschäften, die er eigentlich verachtet. Auf einer Geschäftsreise trifft er eine Seiltänzergesellschaft und freundet sich mit Laertes und Philine, zwei Schauspielern eines aufgelösten Ensembles, an. Als der Entrepreneur der Seiltänzer die zwölfjährige Mignon mißhandelt, kauft ihm Wilhelm das faszinierende Kind ab. Der Schauspieler Melina, der sich der Truppe anschließt, veranlaßt Wilhelm, ihm das Geld zur Gründung einer Theatergesellschaft zur Verfügung zu stellen. Ein alter Harfenspieler stößt zu der neuen Gesellschaft.
3. Die Gesellschaft wird von einem Grafen für seine Liebhaberbühne engagiert. »Wilhelm [...] wollte die Gelegenheit nicht versäumen, die große Welt näher kennen zu lernen.« Er glaubt: »Dreimal glücklich sind diejenigen zu preisen, die ihre Geburt sogleich über die unteren Stufen der Menschheit hinaushebt« (III,2). Indessen sucht Jarno, ein aufgeklärter, kritischer Vertreter der Standesgesellschaft, Wilhelms Blick für gesellschaftliche und künstlerische Maßstäbe zu schärfen: »Es ist schade, daß Sie mit hohlen Nüssen um hohle Nüsse spielen. [...] Haben Sie denn niemals [...]

ein Stück von Shakespearen gesehen?« (III,8). Wilhelm betätigt sich als Regisseur, studiert Shakespeare und begeistert sich für *Hamlet*.
Philine verwickelt Wilhelm in einen folgenschweren Scherz: Um die von Wilhelm verehrte Gräfin zu täuschen, kleidet sie ihn in die Hauskleider des abwesenden Grafen. Als der Graf wider Erwarten zurückkommt und in sein Zimmer tritt, glaubt er in Wilhelm sich selbst zu sehen, deutet sich die Erscheinung als einen Vorboten des Todes und fällt in religiösen Wahn. Beim Abschied schließt Wilhelm die Gräfin »in seine Arme und drückt ihr das große mit Brillanten besetzte Porträt ihres Gemahls gewaltsam wider die Brust. Sie empfindet einen heftigen Schmerz« und bildet sich ein, »mit einem Krebsschaden« für ihre verwerfliche Leidenschaft büßen zu müssen. Sie wird Herrnhuterin.
4. Beim Abschied entschädigt der Graf Wilhelm und die Schauspieler reichlich. Bald darauf werden die Schauspieler von Räubern ausgeplündert. Dem verwundeten Wilhelm erscheint auf einem Schimmel eine schöne Amazone; die heißt ihren Wundarzt, dem Verletzten zu helfen, deckt ihn mit ihrem Überrock zu und verschwindet. Wilhelm sucht seine Retterin. Obgleich die Schauspieler Wilhelm wegen des Raubüberfalls ungerechtfertigte Vorwürfe machen, verpflichtet er sich ihnen erneut. Er setzt sich für sie bei dem Theaterdirektor Serlo ein.
5. Durch den Tod seines Vaters fällt Wilhelm ein beträchtliches Erbe zu. Sein Schwager Werner lädt ihn zu gemeinsamen Geschäften ein, aber Wilhelm strebt nach Höherem: »Mich selbst, ganz wie ich da bin, auszubilden, das war dunkel von Jugend auf mein Wunsch und meine Absicht. [...] aber in Deutschland ist nur dem Edelmann eine gewisse allgemeine [...] personelle Ausbildung möglich. [...] Du siehst wohl, daß das alles für mich nur auf dem Theater zu finden ist [...]. Auf den Brettern erscheint der gebildete Mensch so gut persönlich in seinem Glanz als in den obern

Klassen« (V,3). Wilhelm überläßt seinem Schwager Werner die Vermögensverwaltung und engagiert sich bei Serlo unter der Bedingung, daß *Hamlet* gespielt werde. Man weiß nicht, wie der Geist im *Hamlet* besetzt werden soll. Da bietet sich ein Unbekannter an: »Hast du Vertrauen, so soll zur rechten Stunde der Geist erscheinen!« (V,6). In der Nacht, nach dem Bühnenerfolg stiehlt sich unerkannt, aber von der eifersüchtig-enttäuschten Mignon beobachtet, Philine in Wilhelms Bett.

Der wahnverwirrte Harfner zündet das Haus an und wird von einem Geistlichen in Pflege genommen.

Serlos Schwester Aurelie, die von ihrem Geliebten Lothario verlassen worden ist, verzehrt sich in identifizierendem Schauspielen und stirbt. Wilhelm nimmt sich ihres Knaben Felix an und bricht zu Lothario auf, um ihm den letzten Gruß Aureliens zu bringen und ihn zur Rede zu stellen. – Hier endete die als Künstlerroman geplante *Theatralische Sendung*.

6. Um den Übergang zu dem philosophischeren Bildungsroman zu mildern, hat Goethe die »Bekenntnisse einer schönen Seele«, die auf nachgelassenen Schriften der Susanne von Klettenberg[6] beruhen, eingeschoben. Es ist die Geschichte einer Pietistin, die eine Stiftsdame[7] wird. Die Lebensgeschichte der »schönen Seele« ist durch viele Personen mit der übrigen Romanhandlung verflochten.

7. Wilhelm wird von dem Gutsherren Lothario so freundlich empfangen, daß er nicht nur darauf verzichtet, ihm wegen Aurelie Vorwürfe zu machen, sondern sogar bereit ist, für ihn Lydie zu hintergehen, die gerade von Lothario entfernt werden soll. Lothario möchte die Gutsbesitzerin Therese heiraten. Leider stellt sich heraus, daß er bereits deren

6 Susanna Katharina von Klettenberg (1723–74), eine mit Goethes Mutter verwandte und von Goethe seit 1768 verehrte Frankfurter Herrnhuterin.

7 Das durch eine Stiftung der adligen Familie in ein weltliches Damenstift eingekaufte Mitglied gelobte Keuschheit und Gehorsam gegen ihre Oberinnen, konnte sonst aber frei leben.

Mutter kannte und folglich mit Therese »durch einen Jugendfehler [...] verwandt ist«.

Wilhelm erfährt, daß Aureliens Knabe Felix sein eigener Sohn ist, den ihm die an Liebeskummer gestorbene, treue Mariane hinterlassen hat. Wilhelm, dessen Lebensweg bisher durch die »Gesellschaft vom Turm« beobachtet und beeinflußt worden war, tritt nun selbst diesem geheimen Männerbund bei und empfängt seinen »Lehrbrief« aus der Hand des Abbé, der wie Jarno und Lothario der Gesellschaft angehört.

Weil der Abbé überzeugt ist, »der Irrtum könne nur durch das Irren geheilt werden«, hatte der Abbé Wilhelms Theaterleidenschaft gefördert und für die Erscheinung des Geistes im *Hamlet* gesorgt.

8. Schwager Werner ist »ein arbeitsamer Hypochondrist« geworden und muß Wilhelm gegenüber zugeben: »Wenn du deine Zeit schlecht angewendet [...] hast, so bist du doch indessen ein Persönchen geworden, [...] du sollst mir mit dieser Figur eine reiche und schöne Erbin erkaufen.« Wilhelm belächelt Werners spießigen Materialismus, doch »mit dem Gefühl des Vaters hatte er [Wilhelm] auch alle Tugenden eines Bürgers erworben« (VIII,1). Wilhelm hält um Theresens Hand an. Als Therese ihn umarmt, fällt Mignon »mit einem Schrei zu Nataliens Füßen für tot nieder« (VIII,5). Sie wird einbalsamiert und im hochästhetischen »Saal der Vergangenheit« beigesetzt. Weil Therese aber doch »nicht die Tochter ihrer Mutter ist«, kann Lothario sie heiraten. Wilhelm indessen heiratet Lotharios Schwester Natalie, in der er seine schöne Amazone wiedererkennt. Er sagt sich vom Theater los. Während Jarno sich von den »Mystifizierungen und anderem Hokuspokus« der Turmgesellschaft distanziert. Die neue Erkenntnis lautet: »Der Mensch ist nicht eher glücklich, als bis sein unbedingtes Streben sich selbst seine Begrenzung bestimmt« (VIII,5). Jarno will nach Amerika gehen. Aus der Turmgesellschaft

soll eine Versicherung gegen Staatsrevolutionen werden, die den einen oder den andern von seinen Besitztümern vertreiben könnten.

Ein aus Italien eintreffender Marchese erkennt in der toten Mignon seine Nichte und im Harfner seinen Bruder Augustin und erzählt, daß Mignon das Kind eines tragischen Inzests, der Harfner ihr Vater gewesen sei. Der gerade von seinem Wahn geheilte Harfner vermeint den Tod des Knaben Felix verschuldet zu haben und bringt sich um. Mignons Erbe fällt an Wilhelm: »Wir erleben abermals hier so einen schönen Fall, daß uneigennütziges Wohltun die höchsten und schönsten Zinsen bringt« (VIII,10). Der passive Held Wilhelm möchte sich auch weiterhin der Führung seiner Freunde überlassen. Diese raten, der universellen Ausbildung zu entsagen, sich auf eine einzige Tätigkeit zu beschränken und auf Wanderschaft zu gehen.

In *Wilhelm Meisters Wanderjahren*, mit dem Untertitel *Die Entsagenden*, wird Wilhelm Wundarzt. Denn nun liest man: »Sich auf ein Handwerk zu beschränken, ist das Beste. Für den geringsten Kopf wird es immer ein Handwerk, für den besseren eine Kunst, und der beste, wenn er eins tut, tut er alles, oder, um weniger paradox zu sein, in dem einen, was er recht tut, sieht er das Gleichnis von allem, was recht getan wird« (I,4).

Der von Gedichten, Aphorismen, Briefen, Tagebuchauszügen, Fachabhandlungen und novellistischen Episoden überquellende zweite Teil des Romans löst wie der zweite Teil des *Faust* die bündige Form zugunsten einer romantisch lockeren Komposition symbolischer »Bezirke« auf. Eine der zahlreichen Einlagen konnte Goethe 1809 unter dem Titel *Die Wahlverwandtschaften* (vgl. S. 139) als selbständigen Roman ausgliedern.

Wirkung

Der Roman *Wilhelm Meister* hat als Vorbild für die spezifisch deutsche Gattung des Bildungsromans[8] Epoche gemacht. Die bis auf den heutigen Tag klügsten Kommentare hat Schiller in seinen die Entstehung des Romans begleitenden Briefen an Goethe gegeben.

Goethe selbst bekannte: »Es gehört dieses Werk übrigens zu den incalculabelsten Productionen, wozu mir fast selbst der Schlüssel fehlt. Man sucht einen Mittelpunct, und das ist schwer und nicht einmal gut. [. . .] Denn im Grunde scheint doch das Ganze nichts anderes sagen zu wollen, als daß der Mensch, trotz aller Dummheiten und Verwirrungen, von einer höheren Hand geleitet, doch zum glücklichen Ziele gelange« (Eckermann, 18. Januar 1825). Und: »Wilhelm ist freilich ein *›armer Hund‹*, aber nur an solchen lassen sich das Wechselspiel des Lebens und die tausend verschiedenen Lebensaufgaben recht deutlich zeigen, nicht an schon abgeschlossenen, festen Charakteren« (Kanzler Müller, 22. Januar 1821).

Schiller stieß sich an den inneren Widersprüchen. Der den Roman bestimmende Begriff der *Lehrjahre* und sein Korrelat der *Meisterschaft* blieben ihm dunkel; er wünschte »daß die Beziehung aller einzelnen Glieder des Romans auf jenen philosophischen Begriff noch etwas klärer gemacht würde.« Bei allem Respekt vor Goethes dichterischer Gestaltungskraft fragt Schiller, »woher mag es kommen, daß Sie einen Menschen haben erziehen und fertig machen können, ohne

8 Der Bildungs- oder Entwicklungsroman schildert die psychologisch folgerichtige Entfaltung eines Menschen aus seinen Anlagen und Erfahrungen. Vgl. Karl Philipp Moritz, *Anton Reiser*; Jean Paul, *Titan*; Ludwig Tieck, *Franz Sternbalds Wanderungen*; Novalis, *Heinrich von Ofterdingen*; Joseph von Eichendorff, *Ahnung und Gegenwart*; Adalbert Stifter, *Der Nachsommer*; Gottfried Keller, *Der grüne Heinrich*; Wilhelm Raabe, *Der Hungerpastor*; Hermann Hesse, *Das Glasperlenspiel*. Der Erziehungsroman ist eine Spielart, in der auch die erzieherischen Grundsätze zur Sprache gebracht werden.

auf Bedürfnisse zu stoßen, denen die Philosophie nur begegnen kann?«[9]

Friedrich Schlegel spürte, daß Goethe bei dem Wechsel vom Künstlerroman zum Bildungsroman von seinem Helden Wilhelm abrückte. Eben daraus resultiere »die Ironie, die über dem ganzen Werke schwebt«. Diese Ironie hebt die von Schiller monierten Widersprüche auf, indem sie alle in dem Roman vertretenen Positionen zu Meinungen der Figuren relativiert. Diese Steigerung der dichterischen Willkür blieb nicht ohne Einfluß auf Schlegels Definition der »romantischen Ironie«.[10]

Novalis (Friedrich von Hardenberg), der zunächst zu den Bewunderern des *Wilhelm Meister* gehörte, entschied sich später »*gegen* Wilhelm Meisters Lehrjahre. Es ist im Grunde ein fatales und albernes Buch – so pretentiös und pretiös – [. . .]. Hinten wird alles Farçe. Die Oeconomische Natur ist die Wahre – *Übrig bleibende*. [. . .]

Das Ganze ist ein nobilitirter Roman.

Wilhelm Meisters Lehrjahre, oder die Wallfahrt nach dem Adelsdiplom«.[11]

Fontane lobt Sprachgebung und Realismus, stellt aber auch fest: »Das ganze erste Buch, soweit es die Schilderungen von Wilhelms Puppentheater usw. enthält, zählt zu dem Langweiligsten, was man lesen kann; wenn nicht Goethes Namen darüber stände, würde kein Mensch drei Seiten davon aushalten.«[12]

9 An Goethe, 8. und 9. Juli 1796.

10 Die romantische Ironie gilt als stärkste Ausprägung der komischen Selbstvernichtung. Sie ist Ausdruck der Erhebung über die eigenen Schwächen des Zwiespalts von Ideal und Wirklichkeit. Schlegel fordert sie vom Romantiker als Lebenshaltung und literarisches Prinzip, weil sie dem Dichter die Freiheit gibt, sich souverän über seine Schöpfung zu erheben und deren Idealität zu durchbrechen und teilweise zurückzunehmen.

11 Zitiert nach: Ehrhard Bahr, *Erläuterungen und Dokumente: Johann Wolfgang Goethe, »Wilhelm Meisters Lehrjahre«*, Stuttgart 1989, S. 327f.

12 Ebenda, S. 348f. Vom Standpunkt der romantischen Ironie aus ließe

Martin Walser meint: »Eine besinnungslose Literaturwissenschaft hat diesem Buch, das schön ist, wenn man nicht bedenkt, wie viele Menschen es ausschließt, in sektenhaftem Kult eine lächerlich überzeitliche Position gebastelt.«[13]

Die Wahlverwandtschaften. Ein Roman, 1807 als Novelleneinlage für *Wilhelm Meisters Wanderjahre* geplant, 1808/1809 entstanden, 1809 erschienen.[14]
Eduard, ein reicher »Baron im besten Mannesalter«, hat nach dem Tod seiner wohlhabenden Gattin seine gleichfalls verwitwete Jugendliebe Charlotte geheiratet. Beide genießen den Beginn ihrer zweiten Ehe beim gemeinsamen Ausbau der Parkanlagen um Eduards Schloß. Trotz Charlottes warnender Bedenken, die nachsommerliche Zweisamkeit nicht zu stören, drängt Eduard Charlotte dazu, seinen Freund, den Hauptmann, und Charlottes Nichte Ottilie, die sich beide in mißlichen Lebensverhältnissen befinden, bei sich im Schlosse aufzunehmen. Charlotte gibt nach. Der Hauptmann kommt, macht sich nützlich und bindet damit Eduards Aufmerksamkeit an sich. Bei einer Abendunterhaltung erläutert er den von Tobern Bergmann 1775 benutzten chemischen Fachausdruck von den Wahlverwandtschaften.[15]

sich hier zum Beispiel entgegnen, daß ja im Roman selbst Mariane über dieser Erzählung Wilhelms einschläft.

13 Ebenda, S. 374f.

14 Der Roman wird in zwei Teilen zu je 18 Kapiteln erzählt. Er enthält neben Briefen der Heldin deren Tagebuchreflexionen und eine die Haupthandlung spiegelnde Novelle mit dem Titel *Die wunderlichen Nachbarskinder*.

15 »Wenn zween Stoffe miteinander vereiniget sind und ein dritter, der hinzukömmt, einen derselben aus seiner Verbindung trennt und ihn zu sich nimmt, so wird solches eine einfache Wahlverwandtschaft (enkel frändskap), attractio electiva simplex genannt.« Der Hauptmann kommentiert: »In diesem Fahrenlassen und Ergreifen, in diesem Fliehen und Suchen glaubt man wirklich eine höhere Bestimmung zu sehen; man traut solchen Wesen eine Art von Wollen und Wählen zu und hält das Kunstwort ›Wahlverwandtschaften‹ für vollkommen gerechtfertigt« (I,4).

Eduard bezieht das Kunstwort sofort auf seine Gesellschaft: »›Du stellst das A vor, Charlotte, und ich dein B; denn eigentlich hänge ich doch nur von dir ab und folge dir wie dem A das B. Das C ist ganz deutlich der Kapitän, der mich für diesmal dir einigermaßen entzieht. Nun ist es billig, daß, wenn du nicht ins Unbestimmte entweichen sollst, dir für ein D gesorgt werde, und das ist ganz ohne Frage das liebenswürdige Dämchen Ottilie, gegen deren Annäherung du dich nicht länger verteidigen darfst.‹ ›Gut!‹ versetzte Charlotte. ›Wenn auch das Beispiel, wie mir scheint, nicht ganz auf unsern Fall paßt‹« (I,4).

Ottilie, »ein angenehmes, unterhaltendes Mädchen« kommt, und die wechselseitigen Sympathien zwischen Charlotte und dem Hauptmann und mehr noch zwischen Eduard und Ottilie entwickeln sich bald zu so unwiderstehlichen Leidenschaften, daß Eduard und Charlotte ihre Gäste nicht gern in verbesserte Lebensumstände entlassen möchten. Selbst in der ehelichen Umarmung noch denken Eduard und Charlotte an ihre geliebten Freunde:[16] Der Knabe, der aus dieser Verbindung hervorgeht, sieht paradoxerweise dem Hauptmann ähnlich und hat die Augen Ottiliens. Aber weil in den *Wahlverwandtschaften*, anders als im *Wilhelm Meister*, die Rechtsnorm der Ehe respektiert werden soll,[17] gibt es hier keinen leichtfertigen romantischen Partnertausch. Der Hauptmann reist ab. Und auch Eduard verläßt sein Haus, damit Ottilie dort bleiben kann. Er zieht in den Krieg. Ottilie nimmt sich unterdessen seines und Charlottes Knaben an.

Obgleich Eduard »gewünscht hatte, ein Leben loszuwer-

16 »In der Lampendämmerung sogleich behauptete die innre Neigung, behauptete die Einbildungskraft ihre Rechte über das Wirkliche: Eduard hielt nur Ottilien in seinen Armen, Charlotten schwebte der Hauptmann näher oder ferner vor der Seele, und so verwebten, wundersam genug, sich Abwesendes und Gegenwärtiges reizend und wonnevoll durcheinander« (I,11).

17 Vgl. unten (S. 142, Anm. 21) Goethes Selbstdeutung: Das Sinnliche wird in den *Wahlverwandtschaften* durch das Schicksal *bestraft*.

den, das [... ihm ohne Ottilie] nichts weiter nütze war«, übersteht er ruhmreich alle Schlachten und deutet dies wiederum als Zeichen dafür, daß ihm Ottilie vom Schicksal bestimmt sei. Er drängt seinen Freund, der inzwischen zum Major befördert worden ist: »Ich weiß, du liebst Charlotten, und sie verdient es; ich weiß, du bist ihr nicht gleichgültig, und warum sollte sie deinen Wert nicht erkennen! Nimm sie von meiner Hand, führe mir Ottilien zu! und wir sind die glücklichsten Menschen auf der Erde!« (II,12). Während der Major mit Charlotte verhandelt, schleicht sich Eduard zum Schloß. »Endlich bricht er durch das Gebüsch bei den Eichen, er sieht Ottilien, sie ihn; er fliegt auf sie zu und liegt zu ihren Füßen. [...] sie deutete auf das Kind hin.«[18] Beim Anblick seines Sohnes bekennt Eduard: »Dies Kind ist aus einem doppelten Ehebruch erzeugt! es trennt mich von meiner Gattin und meine Gattin von mir, wie es uns hätte verbinden sollen. [...] mögest du fühlen, Ottilie, recht fühlen, daß ich jenen Fehler, jenes Verbrechen nur in deinen Armen abbüßen kann! [...] Die Hoffnung fuhr wie ein Stern, der vom Himmel fällt, über ihre Häupter weg. Sie wähnten, sie glaubten einander anzugehören; sie wechselten zum erstenmal entschiedene, freie Küsse und trennten sich gewaltsam und schmerzlich« (II,13). Denn Ottilie bittet Eduard, Charlottes Entscheidung abzuwarten. Bei Ottilies kurzer Fahrt über den Teich fällt ihr der Knabe ins Wasser und ertrinkt. Während Eduard und der Major das Unglück kaum bedauern,[19] fühlen sich die Frauen schuldig. Ja, Ottilie

18 Beachte den Tempuswechsel im Zitat. H. Brinkmann erläutert: »Auf das *dämonische* Geschehen stoßen wir, wo der Leser unvermittelt den Vorgängen ausgesetzt wird: Es stellt sich in der Form des Präsens dar und in einer Folge kurzer Hauptsätze, zwischen denen keine sprachliche Verbindung hergestellt wird« (»Zur Sprache der *Wahlverwandtschaften*«, in: *Goethes Roman »Die Wahlverwandtschaften«*, hrsg. von Ewald Rösch, Darmstadt 1975, Wege der Forschung, Bd. CXIII, S. 238).

19 »Der Major entfernte sich, Charlotten tief im Herzen beklagend, ohne jedoch das arme abgeschiedene Kind bedauern zu können. Ein solches

kann »sich in der Tiefe ihres Herzens nur unter der Bedingung des völligen Entsagens« verzeihen. Da es ihr aber nicht gelingt, sich von Eduard zu entfernen, geht sie schweigend in den freiwilligen Hungertod. Eduard spürt: »Ich muß ihr nach, auf diesem Wege nach. [...] Endlich fand man ihn tot. [...] Charlotte gab ihm seinen Platz neben Ottilien [...]. So ruhen die Liebenden nebeneinander [...], und welch ein freundlicher Augenblick wird es sein, wenn sie dereinst wieder zusammen erwachen« (II,18).[20]

Die *Wahlverwandtschaften* stehen am Beginn von Goethes Alterswerk. Sie wurden bei ihrem Erscheinen nicht mit der von Goethe erhofften Anteilnahme aufgenommen. Ehrfürchtige Bewunderung kam zunächst nur von seinen Freunden. Inzwischen aber hat außer dem *Faust* kein anderes seiner Werke so viele und so gegensätzliche Deutungen erfahren. Goethes eigene Äußerungen über den Roman blieben spärlich.[21] In der Selbstanzeige des Buches erklärte

Opfer schien ihm nötig zu ihrem allseitigen Glück.« »[...] und auch er [Eduard], anstatt das arme Geschöpf zu bedauern, sah diesen Fall, ohne sichs ganz gestehen zu wollen, als eine Fügung an, wodurch jedes Hindernis an seinem Glück auf einmal beseitigt wäre« (II,14).

20 Die Konjunktion in diesem Schlußsatz läßt sich temporal hoffnungsfroh oder konditional skeptisch auslegen. Th. Mann, der den Schlußsatz am Ende seines Romans *Lotte in Weimar* parodierte, fand, dieses gutmütige Trostwort sei »sonderbar nachgiebig, gefühlshöflich und unverbindlich schnörkelhaft gesagt; [...] eine höfliche Redensart des Gemüts, versöhnlich einfältig, aber nicht eigentlich unehrlich« (*Gesammelte Werke in dreizehn Bänden. Reden und Aufsätze 1*, zweite, durchges. Aufl., Bd. 9, Frankfurt a. M. 1974, S. 339f.).

21 Goethe teilte mit: in dem Roman seien »sociale Verhältnisse und die Conflicte derselben symbolisch gefaßt«. – »Ich habe viel hineingelegt, manches hinein versteckt.« – »Ich bin überzeugt, daß Sie der durchsichtige und undurchsichtige Schleier nicht verhindern wird, bis auf die eigentlich intentionierte Gestalt hineinzusehen.« – »In solchen Darstellungen muß stets das Sinnliche Herr werden, aber *bestraft* durch das Schicksal, das heißt: durch die sittliche Natur, die sich durch den Tod ihre Freiheit salviert.« – »Ich heidnisch? Nun, habe ich doch [...] Ottilien verhungern lassen, ist denn das den Leuten nicht christlich genug?« – »Eduard [...], der mir wenigstens ganz unschätzbar scheint, weil der unbedingt liebt«. – »Ich kann [... Solger] nicht ver-

er, daß die Gleichnisrede von den Wahlverwandtschaften auf die Einheit der Natur anspiele und darauf, daß »auch durch das Reich der heitern Vernunftfreiheit die Spuren trüber, leidenschaftlicher Notwendigkeit sich unaufhaltsam hindurchziehen, die nur durch eine höhere Hand und vielleicht auch nicht in diesem Leben völlig auszulöschen sind.« Dementsprechend las man den Roman als Veranschaulichung des philosophischen Problems von Determinismus und Willensfreiheit und hielt das Buch, je nach eigenem Standpunkt, für ein schauerliches oder hochmoralisches Werk.[22]

Der Grund für die unterschiedlichsten Deutungen der *Wahlverwandtschaften* als Liebes-, Ehe-, Schicksals-, Zeit- oder Gesellschaftsroman liegt in der außerordentlichen

denken, daß er den Eduard nicht leiden mag, ich mag ihn selber nicht leiden, aber ich mußte ihn so machen, um das Factum hervorzubringen. Er hat übrigens viele Wahrheit, denn man findet in den höhern Ständen Leute genug, bei denen ganz wie bei ihm der Eigensinn an die Stelle des Charakters tritt.« – »Der sehr einfache Text dieses weitläufigen Büchleins sind die Worte Christi: Wer ein Weib ansieht, ihrer zu begehren pp. Ich weiß nicht, ob irgend jemand sie in dieser Paraphrase wieder erkannt hat.« – »Das einzige Product von größerem Umfang, wo ich mir bewußt bin nach Darstellung einer durchgehenden Idee gearbeitet zu haben, wären etwa meine ›Wahlverwandtschaften‹. Der Roman ist dadurch für den Verstand faßlich geworden; aber ich will nicht sagen, daß er dadurch besser geworden wäre! Vielmehr bin ich der Meinung: je incommensurabler und für den Verstand unfaßlicher eine poetische Production, desto besser.« – Es sei »darin kein Strich enthalten, der nicht erlebt, aber kein Strich so, wie er erlebt worden.« (HA 6, S. 620–626.)

»Goethes Auslassungen über diese Dichtung sind mitbestimmt durch das Streben, zeitgenössischen Urteilen zu begegnen.« Goethe, schrieb W. Benjamin, »hatte sein Werk zu verteidigen – das war das eine. Er hatte dessen Geheimnis zu wahren – das war das andere. Beide wirken zusammen, um seiner Erklärung einen ganz anderen Charakter zu geben als jenen der Deutung. Sie hat einen apologetischen und mystifizierenden Zug, welche sich trefflich in ihrem Hauptstück vereinigen.« (»Goethes *Wahlverwandtschaften*«, in: *Goethe im zwanzigsten Jahrhundert. Spiegelungen und Deutungen*, hrsg. von Hans Mayer, Frankfurt a. M., 1990, S. 262 und 265.)

22 So z. B. Wieland bzw. Gundolf.

Ambiguität des Textes. Denn der klar formulierten Grundidee und der klassisch übersichtlichen Figurenkonstellation, auf die sich unsere knappe Zusammenfassung beschränkt, stehen romantische Widersprüche gegenüber, Unklarheit, Verschleierung, Mystifikationen usw.[23] Der Erzähler breitet ein dichtes Geflecht von symbolischen Verweisungszeichen und wunderbaren oder orakelhaften Schicksalswinken und Wundern aus, das von den Romanfiguren oft anders gedeutet wird als vom Leser, während der Erzähler selbst höchstens vorübergehend Stellung bezieht.[24] Obgleich er weiß, daß der Freitod kein Zeichen der christlichen Heiligen ist, berichtet der Erzähler sachlich über die vermeintlichen Wunderwirkungen durch Ottilies Leiche und schließt mit der anheimstellenden Bemerkung: »jeder mochte [...] das Unglaubliche hören; manche, um darüber zu spotten, die meisten, um daran zu zweifeln, und wenige, um sich glaubend dagegen zu verhalten« (II,18). Das heißt, der Erzähler läßt den Leser gänzlich unberaten.

Daß Goethe seine Figuren nicht zu Vorbildern ausstaffierte, wurde nicht zuletzt im *Tasso* deutlich. Was die Goethe-Leser jetzt an den *Wahlverwandtschaften* irritierte, war, daß Goethe nun alles in der Schwebe beließ und plötzlich Dinge ernst nahm, für die er bis dahin nur Spott übrig hatte.[25] Man führte diesen Gesinnungswandel auf eine Lebenskrise des Dichters im ersten Jahrzehnt des neuen Jahrhunderts zu-

23 Vgl.: »Engel und Heilige, nazarenische Malereien und nordische Gräber, Pendelversuche, Orakel und Zeichen, das magische Spiel des Unbewußten, Schicksalstragödie, Traum und Tod: ein großes romantisches Panorama tut sich vor unseren Augen auf« (Staiger, *Goethe*, Bd. 2, S. 509f.).

24 Vgl. Goethe am 23. September 1827 an Iken: »Da sich gar manches unserer Erfahrungen nicht rund aussprechen und direkt mitteilen läßt, so habe ich seit langem das Mittel gewählt, durch einander gegenübergestellte und sich gleichsam in einander abspiegelnde Gebilde den geheimen Sinn dem Aufmerkenden zu offenbaren.«

25 Vgl. Jakob Grimm: »Auffallend ist, wie Goethe den Zufall und ein heimliches Schicksal gegen seine sonstige Art mannigfaltig hat walten lassen« (an Wilhelm Grimm, 11. November 1809).

rück.[26] Goethe selbst erklärte in seinen *Maximen und Reflexionen*: »Jedem Alter des Menschen antwortet eine gewisse Philosophie. Das Kind erscheint als Realist [...]. Der Jüngling [...] wird zum Idealisten umgewandelt. Dagegen ein Skeptiker zu werden hat der Mann alle Ursache; er tut wohl zu zweifeln, [...] den Verstand beweglich zu erhalten [...]. Der Greis jedoch wird sich immer zum Mystizismus bekennen. Er sieht, daß so vieles vom Zufall abzuhängen scheint: das Unvernünftige gelingt, das Vernünftige schlägt fehl, Glück und Unglück stellen sich unerwartet ins gleiche; so ist es, so war es, und das hohe Alter beruhigt sich in dem, der da ist, der da war, und der da sein wird.«[27] Vgl. die »Urworte. Orphisch« (S. 78).

Novelle. 1797 als episches Gedicht mit dem Titel »Die Jagd« geplant, nach Schillers und Humboldts Bedenken aufgegeben, 1826 wiederaufgenommen und 1828 als letztes Prosawerk veröffentlicht.
Auf einem Jahrmarkt zeigen fremde Schausteller einen Tiger und einen Löwen. Durch den Ausbruch eines Feuers ent-

26 1801 war Goethe schwer erkrankt; 1803 starb Herder; 1805 starb Schiller; 1806 brach das Heilige Römische Reich zusammen; nach der Schlacht bei Jena und Auerstädt wurde Weimar geplündert; 1807 starb die Herzogin Anna Amalia; 1808 starb Goethes Mutter. Diese Vergänglichkeitserfahrungen wurden durch die Liebe des 60jährigen zu Minna Herzlieb und Silvie von Zigesar intensiviert. Goethe nimmt den Begriff des Dämonischen in seinen Sprachgebrauch auf (vgl. *Dichtung und Wahrheit*) und thematisiert in seinem nun beginnenden Alterswerk die Entsagung (vgl. die *Wanderjahre*).

27 Vgl. Henry Hatfield über die »ungoetheschen« Züge in seiner »Interpretation der *Wahlverwandtschaften*«, in: *Goethes Roman »Die Wahlverwandtschaften«* (oben S. 141, Anm. 18); Staiger in *Goethe* (Bd. 2, S. 501) über Goethes Aberglauben und Walter Benjamin über Goethes Aberglauben und Todesfurcht in seinem Aufsatz »Goethes *Wahlverwandtschaften*«, in: *Goethe im zwanzigsten Jahrhundert. Spiegelungen und Deutungen* (S. 143, Anm. 21), S. 273. Zur Todesfurcht auch K. R. Eissler: *Goethe. Eine psychoanalytische Studie 1775–1786*, passim; vor allem aber die im *Lexikon der Goethe-Zitate* verzeichneten Stellen zum Stichwort ›Aberglaube‹.

kommen die Tiere ins Freie und flüchten aus der Stadt auf eine bewaldete Höhe, wo die Fürstin spazierenreitet. Ihr Begleiter Honorio, der sie leidenschaftlich verehrt, erschießt den Tiger. Das Schaustellerehepaar mit seinem Knaben beklagt den unnötigen Tod, denn die Tiere sind zahm. Zweifelnd befiehlt der von einer Jagd zurückgekehrte Fürst, den Löwen zu schonen. Der Knabe, der bereits die aufgeregte Menge durch sein merkwürdiges Flötenspiel und wunderlichen Gesang beruhigt hat, besänftigt auch den Löwen.

Die legenden-, ja märchenhafte Erzählung endet lyrisch mit einem allegorisch-symbolischen Bild. Der Knabe flötet und singt: »Und so geht mit guten Kindern / Selger Engel gern zu Rat, / Böses Wollen zu verhindern, / Zu befördern schöne Tat.«

Der kurze Text veranschaulicht, wie das Dämonische (Feuer, Untier, Leidenschaft), das im Sinne der *Wahlverwandtschaften* gefährliche Elementare der Natur, durch Liebe, Frömmigkeit und schlichte Kunst gewaltlos zu beherrschen ist.[28] Der edle Anstand des Junker Honorio bringt auch hier wieder das Altersmotiv der Entsagung ins Spiel.

Da der ursprüngliche Titel »Die Jagd« nach Abschluß der Erzählung nicht mehr paßte, entschied Goethe, »wir wollen es die ›Novelle‹ nennen; denn was ist eine Novelle anders als eine sich ereignete unerhörte Begebenheit« (Eckermann, 29. Januar 1827). Diese beiläufige Definition ging in die nachfolgende Gattungsdiskussion ein.

Goethes Freunde haben den Text des beinahe Achtzigjährigen mit Verständnis und Achtung aufgenommen. Wenig später schwankte das Urteil über Goethes Alterswerk. Der Literaturhistoriker Gervinus z. B. hielt wenig »von dieser unsäglich geringfügigen Produktion«. Erst während des

28 Vgl. Goethe: »Zu zeigen, wie das Unbändige, Unüberwindliche oft besser durch Liebe und Frömmigkeit als durch Gewalt bezwungen werde, war die Aufgabe dieser Novelle« (Eckermann, 18. Januar 1827).

Zweiten Weltkrieges begann man die erbaulichen Züge der *Novelle* zu schätzen. Ernst Beutler stellte bereits 1938 fest: »In diesem Text offenbart Goethe jene erwähnte christliche Rückbesinnung, die er von der Mitte der neunziger Jahre an erlebt [. . .]«.[29] Schärfste Kritik an Goethes verklärender Weltsicht übte Gottfried Benn: »Gestern las ich die ›Novelle‹. Ungemein gespannt, langsam, Wort für Wort. [. . .] und nun ein Wort, auf jede Gefahr hin: ist nicht vielleicht diese Novelle etwas lächerlich? Soviel tätig lebhafter Charakter, Betriebsamkeit, die erst gewinnen u. dann geniessen soll, ein Fürst u. eine Fürstin u. ein fürstlicher Oheim u. ein wohlgebildeter junger Page u ein Schloss, das so vor- wie hinterwärts mannigfaltige bedeutende Ansichten gewährte; es wird mit einem Schnupftuch gewinkt u ein wackerer Künstler u. ein tüchtiger Baum u. ein würdiger Oheim sind um diese Fürstin, die mit schöner Liebenswürdigkeit geistreiche Bemerkungen von sich giebt – mit einem Wort: wirkt das nicht alles wie *Karikatur?* Betrachten Sie das Ganze: wilde Tiere brechen aus einer Menagerie aus *u. alles verläuft harmonisch!* Das Säuseln eines Knaben besänftigt die Natur. Gewiss, das Erhabene sieht alles vereint u. weiss für alles Auswege, aber ist das nicht einfach hier: *Bequemlichkeit?* Führt das nicht zurück auf eine Stufe, die wohl einmal war, vielleicht, aber für uns verloren ist u. *unser Lebenssinn ist, dass es verloren ist*, warum hexen u. zaubern u. Alterssprüche vom Stapel lassen, dass es anders sei? [. . .] Der springende Punkt, der eigentlich Goethesche Trick, seine infernalische Greisenbeschwörung, die er uns aufschwatzen möchte, ist der Satz vom Löwen zum Schluss: ›Zwar nicht wie der Überwundene . . ., aber doch wie der Gezähmte, wie der dem eigenen friedlichen Willen Anheimgegebene‹!! Da haben Sie es: der Löwe ist ein friedliches Tier, *im*

29 »Ursprung und Gehalt von Goethes *Novelle*«, in: *DVjS* 16 (1938) S. 346. Zitiert nach: Christian Wagenknecht, *Erläuterungen und Dokumente: Johann Wolfgang Goethe, »Novelle«*, Stuttgart 1982, S. 110.

Grunde!, alles ist friedlich: *im Grunde!* Es muss nur ein Knabe mit der Flöte kommen! Sehr richtig! Aber er kommt eben nicht. Wir sehn ihn nicht kommen. Geschwätz! Narrheit. Geheimratsbehaglichkeit (Haus am Frauenplan). So auch der Stil: welch Abrundungsbedürfnis! Welch Drang nach Füllung, Applanierung, Wattierung der Worte u. der Structur! Schaumig direkt! Goldig, goldlackbraun, alles ›in Güte‹. Immer wieder, [. . .] gigantisch das Ganze, aber *faul!* Und nun wird mir manches klar: die Herkunft ganzer Verlagsgeschlechter von dieser Novelle! 90 % des Inselverlags, einschliesslich Herr Carossa u. Ihr Herr Schröder, auch Hofmannsthal kommen von ihr! Dies ist die letzte Enthüllung. Übrigens auch Stifter! Eine Schlapphutgottheit und eine Probekandidatsbrille ihre Insignien. Zum Teufel alle diese Eunuchen! Kann denn aus diesen Deutschen etwas werden, wenn ihre Heroen das Leben so harmonisch, gutartig u. ›im Grunde‹ so nett u. lieblich u. symbolisch ihnen darstellen? Nun verstehe ich auch: ›Gott, der verfängliche, ist Dichtererschleichniss' wahrhaftig, sehr: Erschleichniss! und sehr verfänglich! Eigentlich ein Hund, dieser Goethe. Er wusste doch, dass er Schwindel treibt u. dass er rein aus eigenem Ruhebedürfnis u. Fernhaltungsdrang von allem Dämonischen so schrieb. Ich sagte Ihnen ja schon einmal: abgefeimt! Er konnte keine Leichenwagen sehn, das war mir bekannt, aber dass er die Löwen mit Flöten in den Käfig zurückbringt, das habe ich nun erst erfahren.«[30]

Aus meinem Leben. Dichtung und Wahrheit. Entstehung 1809–14, 1831; erschienen 1811, 1812, 1814 und 1833.

Nach lebensbedrohenden Krankheiten, nach Schillers Tod (1805) und nach dem Erscheinen seiner eigenen gesammel-

30 An Oelze, 27. Januar 1936. Gottfried Benn, *Briefe an F. W. Oelze*, hrsg. von Harald Steinhagen und Jürgen Schröder, Erster Bd. 1932 bis 1945, Wiesbaden ^{2}1977, Nr. 63, S. 102–104.

Goethe 1828
Aquarell, mit farbiger Kreide, von Josef Karl Stieler

ten, aber zum großen Teil noch fragmentarischen *Werke*,[31] begann Goethe *sich selbst historisch zu werden*. Der Umstand, daß Napoleon ihn 1808 bei einem Gespräch in Erfurt als ebenbürtig anerkannte, hatte in ihm die Überzeugung seiner geschichtlichen Bedeutung gestärkt. In Anbetracht der kümmerlichen Biographik seiner Zeit, und der Tatsache, daß er selber viel größeren Nutzen aus Selbstbiographien als aus Lebensbeschreibungen von fremder Hand gezogen hatte, faßte der sechzigjährige Goethe am 11. Oktober 1809 den Plan zu einer Autobiographie. Zum Titel *Aus meinem Leben* schlug Riemer[32] den Untertitel: *Wahrheit und Dichtung* vor, den Goethe bald zu dem besser klingenden *Dichtung und Wahrheit* umstellte.

Dichtung und Wahrheit beginnt also die Reihe der autobiographischen Schriften, die durch die *Italienische Reise*, die *Campagne in Frankreich 1792*, die *Belagerung von Mainz* und das *Sanct Rochus-Fest zu Bingen* fortgesetzt wird und zusammen mit über fünfzehntausend Briefen, Tagebüchern aus zweiundfünfzig Jahren und zahlreichen Gesprächsniederschriften Dritter in der Weimarer Ausgabe mehr als fünfzig Bände ausmacht. Die Verwirklichung des großen Planes seiner Lebensdarstellung beschäftigte Goethe bis ans Ende seiner Tage.

Goethe meinte, der deutschen Literatur habe vor Friedrich dem Großen und dem Siebenjährigen Krieg der vaterländische Gehalt, der Nationalgegenstand, gefehlt. Überhaupt, so sagt er, »war ich genötigt, alles in mir selbst zu suchen«. – »Alles, was daher von mir bekannt geworden, sind nur Bruchstücke einer großen Konfession, welche vollständig zu machen dieses Büchlein [*Dichtung und Wahrheit*] ein gewagter Versuch ist« (7. Buch).

31 In 12 Bänden bei Cotta in Stuttgart, 1806–08.

32 Friedrich Wilhelm Riemer (1774–1845), 1803 Hauslehrer August von Goethes, später Gymnasialprofessor, Bibliothekar und Goethes wissenschaftlicher Mitarbeiter. Er wohnte bis 1812 in Goethes Haus und gab zusammen mit Eckermann nach Goethes Tod dessen Nachlaß heraus.

Bei einem Autor aber, der aus sich selber schöpfte und solchermaßen durch seinen *Götz* und seinen *Werther* bereits früh zu weltliterarischem Ansehen gelangt war, hätten viele zeitgenössische Leser und Literarhistoriker gar zu gerne gewußt, was da Dichtung und was Wahrheit war; ob Werther seinen Ursprung der Leidenschaft Goethes für Charlotte Buff oder für Maximiliane La Roche verdankt und wer das Urbild zu Mignon gewesen ist.
Goethes Verleger Cotta[33] riet, diesem öffentlichen Interesse entgegenzukommen. Goethe beginnt *Dichtung und Wahrheit* mit dem fingierten Brief eines Freundes, der sich über die soeben erschienene zwölfbändige Werkausgabe hinausgehende Auskunft erbittet, nämlich: »daß Sie uns Ihre [. . .] Dichtwerke in einer chronologischen Folge aufführen und sowohl die Lebens- und Gemütszustände, die den Stoff dazu hergegeben, als auch die Beispiele, welche auf Sie gewirkt, nicht weniger die theoretischen Grundsätze, denen Sie gefolgt, in einem gewissen Zusammenhange vertrauen möchten.«
Die wichtigen Stichworte hießen also für Goethe ›Konfession‹ und ›Zusammenhang‹. Das Publikum jedoch wünschte in dem aus Goethes Leben hervorgegangenen Werk zwischen Dichtung und Wahrheit, zwischen Fiktionen und Fakten zu unterscheiden, was allerdings auf eine Auflösung der literarischen Kompositionen hinausgelaufen wäre. Das aber wollte Goethe nicht. Im Gegenteil. Goethe suchte die Gestaltung zu steigern, »die Pyramide meines Daseins, deren Basis mir angegeben und gegründet ist, so hoch als möglich in die Luft zu spitzen«, indem er sein tatsächliches Leben einer dichterischen Deutung unterwarf. Mit ›Wahrheit‹ und ›Konfession‹ meinte er nicht wie vor ihm Augustinus, Rousseau oder Karl Philipp Moritz[34] Bekenntnis im

33 Johann Friedrich Cotta (1764–1832), Stuttgart.
34 Aurelius Augustinus (354–430), *Confessiones* (400); Jean-Jacques Rousseau (1712–78), *Les Confessions*, postum erschienen 1782 und 1789; Karl Philipp Moritz (1756–93), *Anton Reiser. Ein psychologischer Roman* (1785–90).

Sinne einer Beichte, nicht Selbstpreisgabe und Enthüllung, sondern er suchte »das eigentliche Grundwahre« seines Lebens im Zusammenhang des Ganzen, das Gesetz, wonach er angetreten.[35] Und dieser Zusammenhang schien ihm durch dichterische Behandlung, das heißt durch sinnstiftende Deutung der Tatsachen erreichbar. Er befand: »Ein Factum unseres Lebens gilt nicht, insofern es wahr ist, sondern in so fern es etwas zu bedeuten hatte« (Eckermann, 30. März 1831). Und: »Das wirkliche Leben verliert oft dergestalt seinen Glanz, daß man es manchmal mit dem Firnis der Fiktion wieder auffrischen muß« (9. Buch).

Als Morphologe dachte Goethe zunächst an die Entfaltung seiner Entelechie[36]. Im Entwurf zu einem Vorwort führte er aus: »Ehe ich diese [...] Bände zu schreiben anfing, dachte ich sie nach jenen Gesetzen zu bilden, wovon uns die Metamorphose der Pflanzen belehrt. In dem ersten sollte das Kind nach allen Seiten zarte Wurzeln treiben und nur wenig Keimblätter entwickeln, im zweiten der Knabe mit lebhafterem Grün stufenweis mannigfaltiger gebildete Zweige treiben, und dieser belebte Stengel sollte nun im dritten Beete ähren- und rispenweis zur Blüte hineilen und den hoffnungsvollen Jüngling darstellen.«

Am Anfang von *Dichtung und Wahrheit* schrieb er später: »[...] dieses scheint die Hauptaufgabe der Biographie zu sein, den Menschen in seinen Zeitverhältnissen darzustellen, und zu zeigen, inwiefern ihm das Ganze widerstrebt, inwiefern es ihn begünstigt, wie er sich eine Welt- und Menschenansicht daraus gebildet, und wie er sie, wenn er Künstler, Dichter, Schriftsteller ist, wieder nach außen abgespiegelt. Hiezu wird aber ein kaum Erreichbares gefordert, daß nämlich das Individuum sich und sein Jahrhundert kenne, sich, inwiefern es unter allen Umständen dasselbe geblieben, das Jahrhundert, als welches sowohl den Willigen als Unwilli-

35 Vgl. »Urworte. Orphisch« (S. 78).
36 Von griech. *en* ›in‹, *telos* ›Ziel‹ und *echein* ›haben‹; »was sein Ziel in sich selbst hat«.

gen mit sich fortreißt, bestimmt und bildet, dergestalt, daß man wohl sagen kann, ein jeder, nur zehn Jahre früher oder später geboren, dürfte, was seine eigene Bildung und die Wirkung nach außen betrifft, ein ganz anderer geworden sein.«

Das heißt, Goethe begreift: Sein Leben wie »alles Vergängliche / ist nur ein Gleichnis«, ein Kräftespiel zwischen den genetisch festgelegten und den historisch zufälligen Bedingtheiten, zwischen Daimon und Tyche, wie es in den »Urworten. Orphisch« heißt. Da sind zehn Jahre Altersunterschied für das Ergebnis der Persönlichkeitsbildung und die Weltwirkung durchaus von Belang. – Solcher Selbstbetrachtung und (Selbst-)Erkenntnis billigt Goethe exemplarischen Wert zu: »denn das ist ja eben das Lehrreiche solcher sittlichen Mitteilungen, daß der Mensch erfahre, wie es andern ergangen, und was auch er vom Leben zu erwarten habe, und daß er, es mag sich ereignen was will, bedenke, dieses widerfahre ihm als Menschen und nicht als einem besonders Glücklichen oder Unglücklichen« (2. Buch).

Die organische Entfaltung der Lebensgeschichte brauchte nicht kleinlich auf Datengenauigkeit zu achten.[37] Vielmehr verlangte die Hervorhebung des Unterhaltenden und des Belehrenden geradezu, »einiges, was in der Zeit sich verschlingt, notwendig zu trennen, anderes, was nur durch eine Folge begriffen werden kann, in sich selbst zusammenzuziehn und so das Ganze in Teile zusammenzustellen, die man sinnig überschauend beurteilen und sich davon manches zueignen mag« (Vorwort zum 4. Teil).

Goethe berichtet über seine Familie, über seine Vaterstadt Frankfurt und die Studienorte Leipzig, Straßburg und Wetzlar; über seine private, öffentliche und universitäre Bildung. Über seine körperliche und seine geistig-seelische Entwicklung im Sozialen, Religiösen, Künstlerischen, Philosophischen und Naturwissenschaftlichen. Über histori-

37 Goetheforscher können eine lange Reihe von faktischen Unstimmigkeiten nachweisen; vgl. z. B. Erich Trunz (HA 9, S. 615).

sche Ereignisse wie Krönung, Krieg und Fürstenauftritte, deren Zeuge er war. Und über politische und kulturelle Strömungen und Tendenzen.[38] Doch obgleich das siebente Buch gelegentlich als Beginn der neueren Literaturgeschichtsschreibung bezeichnet wird, spricht Goethe selten über seine eigenen Werke. Über den *Faust* teilt er lediglich mit: »Die bedeutende Puppenspielfabel [...] klang und summte gar vieltönig in mir wider« (10. Buch). Derart knappe Auskunft und die konservative Selbststilisierung mögen manchen Leser enttäuschen; dennoch stellt Erich Trunz fest: »Es gibt in der Weltliteratur keine größere Autobiographie« (HA 9, S. 631).

38 Zum Inhalt der einzelnen Bücher vgl. die ausführliche Stichwortreihe in der Inhaltsübersicht der Hamburger Ausgabe, Bde. 9 und 10.

VI. Literaturhinweise

An dieser Stelle kann nur eine kleine Auswahl wichtiger Titel verzeichnet werden. Die umfangreiche Goethe-Literatur erschließen die unter Punkt 5 angeführten Bibliographien.

1. Werkausgaben

Goethes Werke. Hrsg. im Auftrage der Großherzogin Sophie von Sachsen. Abth. I–IV. 133 Bde. (in 143). Weimar: Böhlau, 1887 bis 1919. [»Weimarer Ausgabe«.] – Weimarer Ausgabe. Fotomechan. Nachdr. der im Verlag Hermann Böhlaus Nachf., Weimar, 1887 bis 1919 erschienenen Sophien-Ausgabe. München: Deutscher Taschenbuch Verlag, 1987. [Umfangreichste Ausgabe, nach der die Literaturwissenschaftler zitieren. Unsere orthographisch nicht modernisierten Goethezitate stammen aus dieser Ausgabe.]

Goethes Werke. Hamburger Ausgabe in 14 Bänden. Textkrit. durchges. und mit Anm. vers. von Erich Trunz. Hamburg: Wegner, 1948–69; 12., neubearb. Aufl. München: Beck 1981. – Taschenbuchausg. München: Deutscher Taschenbuch Verlag, 1982. (dtv 5986.) [Wegen ihrer Kommentare geschätzte, zitierfähige Arbeitsausgabe. Quelle unserer Goethezitate mit modernisierter Orthographie sind die 6., 13. und 14. Aufl.]

2. Teilausgaben

Der junge Goethe. Neu bearb. Ausg. Hrsg. von Hanna Fischer-Lamberg. 5 Bde., Reg.-Bd. Berlin: de Gruyter 1963–74. [Eine wegen der starken Rücknahme der Sturm-und-Drang-Charakteristika in der Ausgabe letzter Hand (1827–42) notwendige Wiederherstellung des Frühwerks.]

Amtliche Schriften. Veröffentlichung des Staatsarchivs Weimar. 4 Bde. (in 5). Weimar: Böhlau, 1950–87.

Corpus der Goethezeichnungen. Bearb. von Gerhard Femmel [u. a.]. 7 Bde. (in 10). Leipzig: Seemann, 1958–73.

3. Briefe

Vgl. Weimarer Ausgabe, Abth. IV.
Briefe von und an Goethe. Hamburger Ausgabe in 6 Bänden. Hrsg. von Karl Robert Mandelkow unter Mitarb. von Bodo Morawe. 3. Aufl. (Bd. 1: 4. Aufl.) München: Beck, 1988. – Taschenbuchausg. München: Deutscher Taschenbuch Verlag, 1988. (dtv 5917.)

4. Gespräche

Johann Peter Eckermann: Gespräche mit Goethe in den letzten Jahren seines Lebens, 1823–1832. 3 Bde. Leipzig 1836–48. – Neu hrsg. von Heinrich Hubert Houben. 2 Bde. Leipzig 1909. [Wir zitieren nach der 22. Aufl. der Originalaufl. Leipzig: Brockhaus 1939.]
Friedrich von Müller: Unterhaltungen mit Goethe. Krit. Ausg. Bes. von Ernst Grumach. Weimar 1956. – Neuausg. Hrsg. von Renate Grumach. Weimar 1982. München 1982. [Zitiert als: Kanzler Müller.]

5. Bibliographien

Karl Goedeke: Grundriß zur Geschichte der deutschen Dichtung aus den Quellen. 3. Aufl. Fortgef. von Edmund Goetze. Bd. 4, Abt. 2–4: Goethe-Literatur, bearb. von Karl Kipka. Dresden 1910–13. – Ergänzung zur 3. Aufl.: Bd. 4, Abt. 5: Carl Diesch und Paul Schlager: Goethe-Bibliographie 1912–1950. Hrsg. von Herbert Jacob. Berlin 1960.
Hans Pyritz: Goethe-Bibliographie. Unter red. Mitarb. von Paul Raabe. Fortgef. von Heinz Nicolai und Gerhard Burkhardt. Unter red. Mitarb. von Klaus Schröter und Helmut Riege. 2 Bde. Heidelberg 1965–68.
Helmut G. Hermann: Goethe-Bibliographie. Literatur zum dichterischen Werk. Zusammengest. von Helmut G. Hermann. Stuttgart 1991. (Reclams Universal-Bibliothek. 8692.)
Goethe-Bibliographie. 1951–1969. Bearb. von Heinz Nicolai. In: Goethe 14/15 (1952/53) – 33 (1971). Ab 1970 bearb. von Hans Henning. In: Goethe-Jahrbuch 89 ff. (1972 ff.) [Jahresbibliographien.]

6. Nachschlagewerke

Goethe-Wörterbuch. Hrsg. von der Akademie der Wissenschaften zu Berlin, der Akademie der Wissenschaften in Göttingen und der Heidelberger Akademie der Wissenschaften. Bd. 1 ff. Berlin/Stuttgart 1978 ff. [Erscheint in Lieferungen (seit 1966).]

Lexikon der Goethe-Zitate. Hrsg. von Richard Dobel. Zürich/Stuttgart 1968. – Taschenbuchausg. u. d. T.: dtv-Lexikon der Goethe-Zitate. 2 Bde. München 1972. (dtv 3089, 3090.)

Goethe über seine Dichtungen. Versuch einer Sammlung aller Äußerungen des Dichters über seine poetischen Werke von Hans Gerhard Gräf. 9 Bde. Frankfurt a. M. 1901–14.

Gert A. Zischka: Goethe. Tageskonkordanz der Begebenheiten, Tagebücher, Briefe und Gespräche. Wien 1980 ff. [8 Bde. geplant.]

Goethe in vertraulichen Briefen seiner Zeitgenossen. Auch eine Lebensgeschichte. Zusammengest. von Wilhelm Bode. 3 Bde. Berlin 1917–23. Nachdr. Bern 1969. – Neu hrsg. von Regine Otto und Paul-Gerhard Wenzlaff. Bd. 1: 1749–1793. Bd. 2: 1794–1816. Bd. 3: 1817–1832. Berlin/Weimar 1979. München 1982. [Wir zitieren die letztgenannte Ausgabe als: Bode.]

Goethe. Seine äußere Erscheinung. Literarische und künstlerische Dokumente seiner Zeitgenossen. Zusammengetr. von Emil Schaeffer. Überpr. und erg. von Jörn Göres. Frankfurt a. M. 1980. [Rev. Fassung der Ausg.: Goethes äußere Erscheinung. Leipzig 1914.]

Goethes Leben und Werk in Daten und Bildern. Hrsg. von Bernhard Gajek und Franz Götting unter Mitw. von Jörn Göres. Frankfurt a. M. 1966.

Goethe. Sein Leben in Bildern und Texten. Vorw. von Adolf Muschg. Hrsg. von Christoph Michel. Gestaltet von Willy Fleckhaus. Frankfurt a. M. 1982. (insel taschenbuch. 1000.)

Goethe in Weimar. Ein Kapitel deutscher Kulturgeschichte. Hrsg. von Karl-Heinz Hahn. Fotografiert von Jürgen Karpinski. 2., unveränd. Aufl. Leipzig 1986.

Johann Wolfgang Goethe. Leben. Werk. Wirkung. Hermes Handlexikon. Hrsg. von Klaus Schröter und Helmut Riege. Düsseldorf 1983. [»Das Lexikon speichert Namen, Daten, Fakten und Erfahrungszusammenhänge in der leicht abrufbaren Form eines Nachschlagewerkes. Darüber hinaus soll es Schülern und Studenten als Einführung dienen, Goethefreunden beim Aufarbeiten der Stoff-

und Ideenfülle helfen, dem Kenner aber auch Probleme bezeichnen und erhellen« (Selbstbeschreibung, Einf., S. 8).]

Effi Biedrzynski: Goethes Weimar. Das Lexikon der Personen und Schauplätze. Zürich 1992.

7. Gesamtdarstellungen

Georg Simmel: Goethe. Leipzig 1913.

Friedrich Gundolf. Goethe. Berlin 1916.

Emil Staiger. Goethe. 3 Bde. Zürich 1952–59.

Richard Friedenthal: Goethe. Sein Leben und seine Zeit. München 1963.

Hans Mayer: Goethe. Ein Versuch über den Erfolg. Frankfurt a. M. 1973.

Karl Otto Conrady: Goethe. Leben und Werk. 2 Bde. Königstein i. Ts. 1982–85. – Sonderausg. Frankfurt a. M. 1987. – Taschenbuchausg. Frankfurt a. M. 1987. (Fischer Taschenbücher. 5670/5671.)

K. R. Eissler: Goethe. Eine psychoanalytische Studie. 1775–1786. 2 Bde. Basel 1983–85.

8. Wirkung

Goethe im Urtheile seiner Zeitgenossen. Zeitungskritiken, Berichte, Notizen, Goethe und seine Werke betreffend, aus den Jahren 1773–1812. Ges. und hrsg. von Julius W. Braun. 3 Bde. Berlin 1883–85. – Reprogr. Nachdr. Hildesheim 1969.

Goethe im Urteil seiner Kritiker. Dokumente zur Wirkungsgeschichte Goethes in Deutschland. Hrsg., eingel. und komment. von Karl Robert Mandelkow. Bd. 1–4. München 1975–84.

Goethe im zwanzigsten Jahrhundert. Spiegelungen und Deutungen. Hrsg. von Hans Mayer. Frankfurt a. M. 1987.

Unser Goethe. Ein Lesebuch. Hrsg. von Eckhard Henscheid und F. W. Bernstein. Unveränd., neu durchges. Ausg. der Erstausg. von 1982. Frankfurt a. M. 1987. [Humorvolle Einführung in Goethe.]

VII. Abbildungsnachweis

Johann Wolfgang Goethe

IN RECLAMS UNIVERSAL-BIBLIOTHEK

Auswahl

Clavigo. Trauerspiel. 69 S. UB 96
Egmont. Trauerspiel. 95 S. UB 75 – dazu *Erläuterungen und Dokumente.* 165 S. UB 8126
Faust. Erster Teil. »Urfaust«, Fragment, Ausgabe letzter Hand (1828). Paralleldruck (Studienausgabe). 439 S. UB 18355
Faust. Der Tragödie Erster Teil. 136 S. UB 1 – dazu *Erläuterungen und Dokumente.* 301 S. UB 16021
Faust. Der Tragödie Zweiter Teil. 220 S. UB 2
Gedichte. Auswahl von Stefan Zweig. 262 S. UB 6782
Die Geschwister. Schauspiel. - *Die Laune des Verliebten.* Schäferspiel. 63 S. UB 108
Götz von Berlichingen. Schauspiel. 112 S. UB 71 – dazu *Erläuterungen und Dokumente.* 176 S. UB 8122
Hermann und Dorothea. Epos. 93 S. UB 55
Iphigenie auf Tauris. Schauspiel. 64 S. UB 83 – dazu *Erläuterungen und Dokumente.* 160 S. UB 16025
Die Leiden des jungen Werther. 164 S. UB 67 – dazu *Erläuterungen und Dokumente.* 192 S. UB 8113
Die Leiden des jungen Werthers. Paralleldruck der Fassungen von 1774 und 1787 (Studienausgabe). 311 S. UB 9762
Die Mitschuldigen. Lustspiel. 56 S. UB 100
Die natürliche Tochter. Trauerspiel. 96 S. UB 114
Novelle. Das Märchen. 79 S. UB 7621 – dazu *Erläuterungen und Dokumente.* 160 S. UB 8159
Reineke Fuchs. Epos. 206 S. UB 61
Stella. Trauerspiel. 64 S. UB 104
Torquato Tasso. Schauspiel. 111 S. UB 88 – dazu *Erläuterungen und Dokumente.* 230 S. UB 8154
Urfaust. 71 S. UB 5273
Die Wahlverwandtschaften. Roman. 282 S. UB 7835 – dazu *Erläuterungen und Dokumente.* 228 S. UB 8156
Wilhelm Meisters Lehrjahre. 661 S. UB 7826 – dazu *Erläuterungen und Dokumente.* 398 S. UB 8160
Wilhelm Meisters theatralische Sendung. 389 S. UB 8343
Wilhelm Meisters Wanderjahre. 565 S. UB 7827

Philipp Reclam jun. Stuttgart